会计史经典译丛

簿记见证会计历史的真实
——对公认说法的批判

帳簿が語る歴史の真実
通説という名の誤り

[日] 渡边泉 著
张秀春 译

立信会计出版社
LIXIN ACCOUNTING PUBLISHING HOUSE

图书在版编目(CIP)数据

簿记见证会计历史的真实：对公认说法的批判／（日）渡边泉著；张秀春译. -- 上海：立信会计出版社，2024.6

（会计史经典译丛）
ISBN 978-7-5429-7643-7

Ⅰ.①簿… Ⅱ.①渡… ②张… Ⅲ.①会计史－世界 Ⅳ.①F23-091

中国国家版本馆 CIP 数据核字（2024）第 103785 号

CHOBO GA KATARU REKISHI NO SHINJITSU by Izumi Watanabe
Copyright © Izumi Watanabe 2016
All rights reserved.
Original Japanese edition published by Dobunkan Shuppan Co.,Ltd.

This Simplified Chinese language edition published by arrangement with Dobunkan Shuppan Co.,Ltd.,Tokyo in care of Tuttle-Mori Agency,Inc.,Tokyo through Inbooker Culture Development（Beijing）Co.,Ltd.,Beijing.

策划编辑	孙　勇
责任编辑	胡　静
美术编辑	吴博闻

簿记见证会计历史的真实——对公认说法的批判
BUJI JIANZHENG KUAIJI LISHI DE ZHENSHI DUI GONGREN SHUOFA DE PIPAN

出版发行	立信会计出版社		
地　　址	上海市中山西路 2230 号	邮政编码	200235
电　　话	(021)64411389	传　　真	(021)64411325
网　　址	www.lixinaph.com	电子邮箱	lxaph@sh163.net
网上书店	www.shlx.net	电　　话	(021)64411071
经　　销	各地新华书店		
印　　刷	上海颛辉印刷厂有限公司		
开　　本	710 毫米×1000 毫米	1/16	
印　　张	11.5	插　　页	1
字　　数	160 千字		
版　　次	2024 年 6 月第 1 版		
印　　次	2024 年 6 月第 1 次		
书　　号	ISBN 978-7-5429-7643-7/F		
定　　价	78.00 元		

如有印订差错，请与本社联系调换

前　　言

我们年少时,会像海绵一样,通过电视、报纸等从生活中汲取很多知识,了解很多新生事物。初次踏入未知世界,很多人会被当时的惊讶和感动所震撼,久久难忘那种兴奋。一个未知世界给予幼小心灵的冲击是巨大的,这种绝对真理被深深地刻印在脑海里。

但是,随着成长,我们会从很多书中察觉到,一直信奉的绝对真理原来也是有错误的。这时,我们将不知所措。世界上有很多常识作为不变的事实,被我们深深地刻进心灵深处。如果说太阳是从西边升起来的,我们一直信奉的不变事实就会在那一瞬间伴着巨大的倒塌声而瓦解。这种体验大家多少都有过吧。

对于这种绝对不会错的事实从来没有人怀疑过。把这种传统解释从根本上颠覆的德国哲学家伊曼努尔·康德(1724—1804),将自己的认识论比作日心说,称之为"哥白尼式的革命"。在相信地心说是永恒不变的真理的时代,哥白尼提出:不是这样的,是地球绕着太阳转。听到这样正相反的事实时,人们会表现出怎样一种惊讶!年少时相信的绝对真理范例来了一个180°的大转弯。

很多人根本想不到绝对真理里面竟然包含很多常识上的错误。其实,在现实生活中,像这样的常识或定论当中也会有错误存在。本书挖掘会计学领域当中六种常见说法的错误和一般解释中潜藏的矛盾,通过对商人们生存的证据——每天的买卖记录,也就是账簿、簿记书等史料记录的验证,让其真实的姿态浮出水面。

平凡的生活中往往隐藏着很多谎言。但是,新的发现被大声地公布于世时，在不同的时代，不见得都会被认同。因为每个时代的主宰者会因为常识被破坏而感到不快。不仅如此，事实的公布，并非对所有人都有益，也不会让所有人都感到幸福。所以遵循世间的规则，随潮流而动，或许才能过上平凡的日子。反对长时间作为习惯的常识，要有决断的勇气以及巨大的能量。

从古希腊时代开始，许多哲人不顾自己的生命，对人世间的不合理、宇宙的各种现象提出疑问。我们曾在史书上学过，苏格拉底（公元前470—公元前399）被施以毒刑，伽利略·伽利莱（1564—1642）在宗教判决上被判处无期徒刑。所有学问都是从否定现状开始的。对探求真理者来说，即使将自己带进绝望的深渊，这种怀疑的精神也是最重要的。

将没有一点怀疑余地的真理的大门打开，不是靠个人独断专行的主张，而是靠不断自我否定的精神一层一层地打破，才能看到一片新的天地。在会计这个特殊的领域里，这本书或许会被认为很疯狂，但我还是衷心希望大家能读到最后。

最后，在此感谢对本书出版给予大力支持的同文馆出版编辑部部长市川良之先生，同时对同文馆出版社长中岛治久先生一如既往的支持表示衷心的感谢。

渡边泉
2015 年晚秋
对夕阳何故逃得如此之快感到困惑

译 者 前 言

本书是继渡边泉教授的《会计学的诞生——复式簿记改变世界》《会计学者的责任——来自历史的启示》之后，我翻译的第三本书。日文版由日本同文馆出版于2016年2月1日出版发行。日本同文馆出版是明治29年（1896）创立的，以出版历史、经济、商业等专业书为主的知名出版社。

渡边泉，1943年生于日本神户市，1968年关西学院大学商学系毕业，1996年获关西学院大学商学博士学位。1984年起渡边泉任大阪经济大学会计学教授，1997年当选日本会计史学会会长，2001年任大阪经济大学校长，现为大阪经济大学名誉教授。渡边泉教授专注于会计理论和会计史研究，数十年笔耕不辍，完成《损益计算史论》（森山书店，1983）、《结算会计史论》（森山书店，1993）、《会计的构造与用途》（森山书店，1996）、《损益计算的进化》（森山书店，2005）、《会计的历史探访——从过去到未来的展望》（同文馆出版，2014）、《从历史角度看公允价值会计——探讨会计的根本作用》（森山书店，2013）等十几部著作。渡边泉教授对会计史的研究已长达40余年，造诣深厚，是日本会计史学术界的权威。近年来他更是把研究的重点转向基于历史视角的会计现实及理论批判上，于纷繁的世界中探究和把握会计的本质。渡边泉教授的观点高屋建瓴、振聋发聩，具有重要的启示性意义。

本书从损益计算制度的演变：从分账户损益计算过渡到期间损益计算的错误；利润、费用的确认基准：从收付实现制过渡到权责发生制的错误；资产、负债的计量基准：从历史成本过渡到市价的错误；决算法的演变：从欧洲大陆模式决算法过渡到英美模式决算法的错误；复式簿记的演变：从单式簿记过渡到复式簿记的错误；会计的首要作用：是受托责任还是信息提供六个方面，从历史的角度分别阐述了当前公认的会计理论，揭示其矛盾，并大胆地对当前的会计理论与公认的会计常识进行了批判与矫正，用通俗易懂的语言带领大家遨游历史的海洋，寻找事实与真理。书的最后还探讨了现代会计面临的问题。

本书曾被美国《会计史学家笔记》（Accounting Historians Notebook）2016年4月刊介绍过，因此，不仅是在日本，本书在欧美学术界也广为认知，希望此译著今后在中国也会被广泛阅读。

本书中有几处提到，当年在引进西方簿记时，日本的几位学者在英文翻译上的错误导致后人对会计概念的误解。因此我在翻译本书时，以高度的正确性为使命来要求自己，生怕出现半点纰漏。同时也希望各位专家、读者对本书提出宝贵的意见和建议。

在本书翻译期间，译者得到了作者渡边泉教授的大力支持，对译者提出的问题不厌其烦地解释，在此深表感谢。此书得以顺利出版，离不开立信会计出版社华春荣社长、上海立信会计金融学院宋小明教授的大力支持，以及张巧玲老师、张翠芳老师、余榕老师、胡静老师、刘春发老师、孙勇老师等各位老师在编辑、校对工作中给予我的鼓励与莫大帮助，在此一并表示感谢。还要感谢崔亦田老师、李政老师在工作上对我的大力支持，还有石川亮师匠、石川秀子师母在难解的日文古文方面对我的指导，以及兰丽丽老师、张进旺老师、张连春女士在工作上对我的帮助，在此一并感谢。

附注：在中世纪的欧洲各国和城邦国家的通货中，货币单位换算没有完全采用现在的十进制进行计算，而是同时使用二十进制和十二进制进行计算。例如，1 费奥利诺（fiorino）＝20 索尔迪（solld）＝240 迪纳厄斯（Denarius）等。

张秀春
2024年4月于上海研究室

目　录

第一章　损益计算制度的演变：
从分账户损益计算过渡到期间损益计算的错误

第一节　初始阶段簿记的作用 …………………………………… 3
第二节　簿记作用的变化：从文书证据到损益计算 …………… 4
第三节　威尼斯式簿记与佛罗伦萨式簿记 ……………………… 6
第四节　公认说法中的损益计算制度的演进图解 ……………… 10
第五节　错误解释公认说法的理由 ……………………………… 15
第六节　正确的损益计算制度的演变过程 ……………………… 20

第二章　收益、费用的确认基准：
从收付实现制过渡到权责发生制的错误

第一节　损益计算和确认基准 …………………………………… 27
第二节　会计层面上确认的本质 ………………………………… 28
第三节　权责发生制的前身是收付实现制吗 …………………… 31
第四节　会计生成时即是权责发生制 …………………………… 36
第五节　收付实现制的分期付款回收基准 ……………………… 40

第三章　资产与负债的计量基准：
从历史成本到市价的错误

第一节　公认说法中计量基准的演变 …………………………… 45
第二节　最古老的账目记录已记载市价评估 …………………… 48

第三节　13、14世纪的一般评估基准 ･･････････････････････ 51
第四节　17、18世纪的市价评估 ･････････････････････････ 58
第五节　会计诞生之初是混合计量评估 ･･･････････････････ 63

第四章　决算法的演变：
从欧洲大陆模式决算法过渡到英美模式决算法的错误

第一节　决算手续的方法 ･･･････････････････････････････ 69
第二节　欧洲大陆模式决算法和英美模式决算法的起源 ････ 70
第三节　英美模式决算法称呼的由来 ･････････････････････ 74
第四节　翻译过程中引入了错误的称呼 ･･･････････････････ 78
第五节　英美模式决算法（简便法）从簿记产生之初即已开始 ･･････ 83

第五章　复式簿记的演变：
从单式簿记过渡到复式簿记的错误

第一节　复式簿记和企业簿记：簿记是以复式簿记的形式诞生的 ･･････ 89
第二节　适用于零售商的簿记 ･･･････････････････････････ 93
第三节　单式簿记的先驱者丹尼尔·笛福 ･････････････････ 95
第四节　从复式簿记到单式簿记的演变 ･･･････････････････ 98
第五节　单式簿记的极限 ･･･････････････････････････････ 103
第六节　单式簿记的进化和琼斯式簿记 ･･･････････････････ 106

第六章　会计的首要作用：
是受托责任还是信息提供

第一节　公认说法上的会计职责及其问题所在 ･････････････ 115
第二节　受托责任思维的原点 ･･･････････････････････････ 117
第三节　国际会计准则和利特尔顿所主张的受托责任的不同 ･････ 123
第四节　受托责任也是为说明责任提供信息 ･･･････････････ 126

第五节　信息的可靠性和有用性 ·· *129*
第六节　会计的职责是损益计算 ·· *133*

第七章　现代会计面临的问题

第一节　净利润与综合收益 ··· *139*
第二节　实证研究与异常现象 ·· *147*

参考文献 ·· *151*
日文参考文献 ··· *159*
后记 ·· *164*
索引 ·· *167*

第一章

损益计算制度的演变:

从分账户损益计算过渡到期间损益计算的错误

第一节　初始阶段簿记的作用

第二节　簿记作用的变化：从文书证据到损益计算

第三节　威尼斯式簿记与佛罗伦萨式簿记

第四节　公认说法中的损益计算制度的演进图解

第五节　错误解释公认说法的理由

第六节　正确的损益计算制度的演变过程

第一节　初始阶段簿记的作用

会计中的利润计算以复式簿记为基本支撑。13世纪初，随着十字军的东征和商业的复苏，在意大利北方诸城市诞生了复式簿记。当时的意大利与现在有所不同，是由米兰公国、佛罗伦萨共和国、威尼斯共和国、罗马教皇领地、那不勒斯王国等多个城市共和国所组成。因其尚未形成一个统一体，因此，各城市国家的政治体制各不相同，经营方针各异，企业的形态、企业的活动方法也各不相同，从而导致对利益的看法也有很大的不同。

复式簿记作为文书证据而诞生

诞生之初的复式簿记最根本作用的就是作为债权债务的备忘录以及发生纠纷时的文书证据，也就是公证书的替代品。因为每天有数量庞大的交易在进行，如果每一个交易都需要办理公证书的话，会浪费很多时间和费用。为了节省时间和费用，商人们用自己的智慧把之前一直以来只作为单纯的债权债务记录的簿记加以扬弃，成为公证书的替代品。

作为文书证据诞生的复式簿记能有效地发挥损益计算功能的直接原因是企业形态的多样化。当时的意大利，威尼斯商人主要靠贵族社会背景组成个人以及有血缘关系的家族合伙企业（Societas，一种合伙契约），而佛罗伦萨商人之间则禁止家族合伙企业，通过和第三者合作而组成期间合伙企业（Magna Societas，一种股份公司形态）。因此，各种不同的企业形态同时出现。

本章主要针对损益计算制度发展的亘古定论，也就是针对损益计算制度从"分账户损益计算发展到期间损益计算"的单线发展图解错误进行批判。首先，本章将阐述作为文书证据诞生的复式簿记是什么时候、在怎样的先决条件下将最根本的文书证据作用转化成损益计算功能作用的。其次，本章阐述那时的损益计算功能是什么原因、什么时候、怎样转化成当今的分期计算企业损益的分期损益计算系统形态的。最后，本章阐述损益计算制度发展定论"分账户损益计算发展为分期损益计算"这个错误的发展图解产生的原因。

第二节 簿记作用的变化：从文书证据到损益计算

诞生之初的损益账户不是决算账户而是结算账户

13世纪初，复式簿记在意大利诞生了。那时的意大利，用持续性账簿记录来计算企业整体总损益还属于未成熟阶段。在当时那个阶段，要通过持续性记录，也就是用复式簿记来计算企业整体总损益还是很困难的。

当时的商人们，特别是有贵族社会背景以血缘关系为纽带的威尼斯商人们之间，采用总账内不设损益账户的记账方式最为普遍。因为当时所得税法还没有制定，所以也就不需要严密的损益计算方式。而且在那样的情况下，就算设损益账户，也只是为了总账中其他各账的结账，没有计算企业整体总损益的功能。这样的损益账户被英国会计史学者B.S.耶梅称作混合账簿[①]。

复式簿记诞生之初的威尼斯，商人们以个人形式或家族合伙形式组建公司，以贩卖商品以及航海（旅行）分类设立商品账户，直到商品卖完时才首次将商品账户结账，算出批次商品损益。

与之相反，在同一时期，与威尼斯商人们的贵族社会不同，佛罗伦萨商人们否定家族式合伙企业，通过和第三者合作而组成了期间合伙企业

---

① Yamey[1978], p.109.

(一种股份公司形态)。所以,成员间的利润分配就成了必然。但当时还没有通过复式簿记的持续性记录来计算企业整体总损益的计算方式,只能通过实地盘货做成"毕兰奇奥[①](Bilancio)",来计算企业整体总损益。

综上所述,因为政治体制不同,威尼斯商人和佛罗伦萨商人之间损益计算的形式也有很大的不同。但是,两者都没有进化到在总账内设立集合损益账户来计算企业整体总损益的阶段。

拼凑账目的损益账户

初期的损益账户,即使在总账里设集合损益账户,也要在那里转记上资产、负债、资本等相关项目,让人联想起如今的试算平衡表[②]。因此,当时的集合损益账户只不过是在结算时为了结束所有总账账户而设置的单一结算的账户。那里不光记有收益和费用,资产、负债也同时转记,形成单纯为了关闭总账而拼凑起来的账户。像这样的损益账户,当然是计算不了企业整体总损益的。我们可以在威尼斯的家族合伙企业里看到,他们是在把贩卖的每种商品在卖空时计算损益的。复式簿记诞生之初的威尼斯,簿记并不是计算损益,而是作为文书证据(公证书的替代品)来使用的。

综上所述,复式簿记自诞生至发展的最初 100 年间,还没有达到通过复式簿记来计算企业总损益的程度。所以,根据实地盘存对资产、负债总额进行市价评估、利润分配所必需的损益,是将求出的净资产总额与前期比较后算出的。这是同一时代的威尼斯和佛罗伦萨的损益计算制度最大的不同之处,威尼斯的损益计算制度只要求在出售商品时按类别计算损益。

---

① 意大利语为"Bilancio"。英语被译为"balance",很容易让人以为是资产负债表,其实它的真正意义是:在使用账簿记录还不能精确计算利润的时代(复式簿记完成以前),为了利润分配而制作的,显示资产、负债的实地盘存的财产一览表。——译者注

② 渡边[1993]25 页。

毕兰奇奥的利润验证

但是，只是利用实地盘存来计算企业损益的话，可靠性就会有问题。其结果是，记账人员必须证明是如何用毕兰奇奥算出利润的。这就需要一个有可靠性、随时随地、谁都可以验证的正确的损益计算方法。这就是持续性记录，也就是用复式簿记计算损益。随着佛罗伦萨的期间合伙企业的出现，用持续性记录来计算企业整体总损益的计算方法也随之诞生，这应该算是企业损益计算方法——复式簿记完善的首要因素。直到复式簿记诞生100多年后的14世纪上半叶，才初次形成这样的规模。

在这里需要注意一个问题，没有按照持续性记录来计算损益的毕兰奇奥损益计算方法是不是有可能在复式簿记生成前就有了？这个疑问自然是会有的。确实，资产的计量光凭实地盘货是可能的，而债务的计算却只能按照持续性记录来完成。在实务操作上，没有持续性记录是不可能完成毕兰奇奥的。所以，复式簿记出现以前就已经按照毕兰奇奥来做损益计算的说法是矛盾的。

第三节　威尼斯式簿记与佛罗伦萨式簿记

威尼斯式簿记的特质

再严谨地去看一下损益计算制度的历史发展过程会发现，同是13、14世纪的意大利，威尼斯与佛罗伦萨的损益计算方法大有不同。

13—15世纪，威尼斯的政治体制是以贵族为中心，有血缘关系的贵族利用持有绝对权力的大评议会对当时的社会进行统治。当时的企业形态也必然是以个人为主的，或者以将血缘关系作为中心的家族合伙企业为主，由特定的20～30个最有权力的贵族家族形成了寡头政治[①]。因

---

① 齐藤[2002b]301—312页。

第一章 损益计算制度的演变：从分账户损益计算过渡到期间损益计算的错误　7

图 1-1　安德烈亚·巴尔巴里戈的总账（1430—1440）

此,在所得税法还没有实施的时代,以威尼斯为中心的家族合伙企业,对企业整体总损益计算的严密性没有太大要求。

在那样的企业形态下,都是将贩卖商品或航海（旅行）设立单个账户,在所有的商品贩卖完时或航海（旅行）结束时进行损益计算,也就是被称为分账户损益计算的损益计算体系。像今天这样 1 年或半年计算企业整体总损益的计算体系还没有诞生,当时还不需要定期地分时间段地计算总损益。

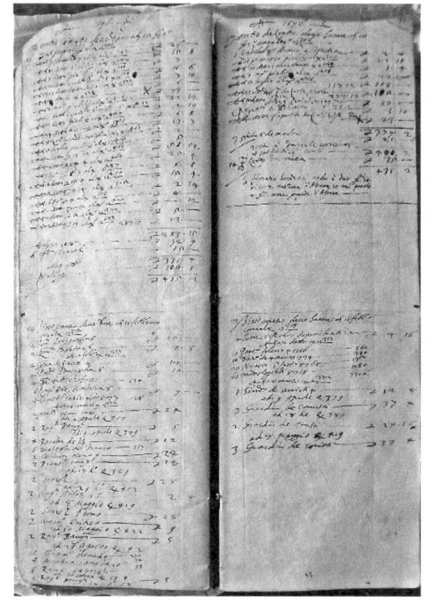

图 1-2　安德烈亚·巴尔巴里戈的分类账（1430—1440）

佛罗伦萨式簿记的特质

在同一个时代，佛罗伦萨否定威尼斯式的贵族（豪族）政治统治，普通市民结成同职合伙企业，实质上其已处于佛罗伦萨政治、经济的中心[①]。所以，越过同族合伙企业（由血缘关系组成的家族合伙企业），与第三者共同经营企业的期间合伙企业就占了主导地位。随后，虽然初期没有定期进行，但商人们已经开始分时间段地计算损益了，因为与他人一起合办的企业，必须要在某个时期分配利润。

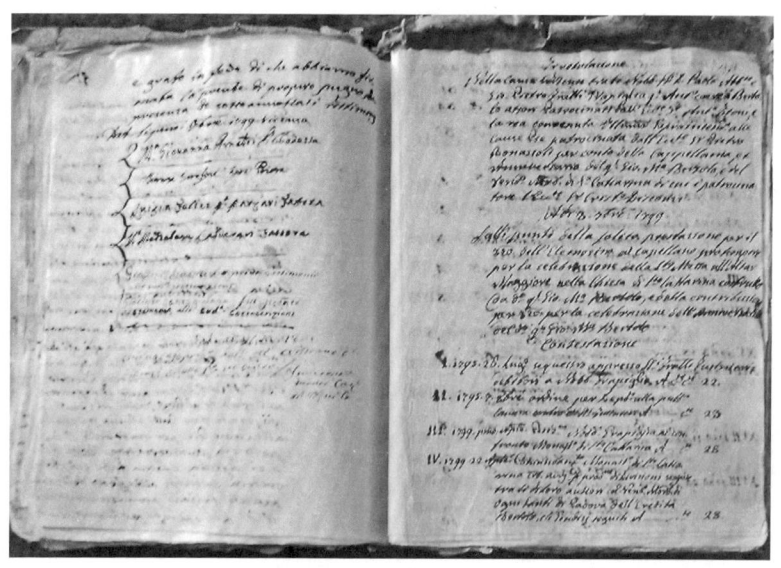

图1-3 索朗佐兄弟公司的总账（1406—1434）

面对需要分配利润的现实，商人们不再等待商品完全售出后，而是开始定期或不定期地分时间段来计算企业整体总损益。这和同时代有血缘关系的父子兄弟结成的家族合伙企业的威尼斯商人的损益计算方式大为不同。

---

① 齐藤[2002b]313—336页，森田[1999]17—27页。

第一章 损益计算制度的演变:从分账户损益计算过渡到期间损益计算的错误 9

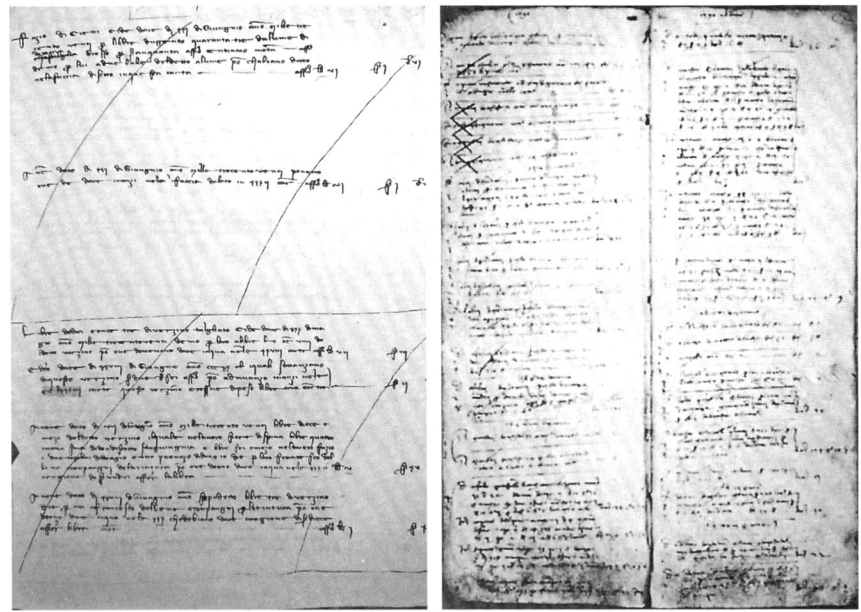

图1-4 戴尔·贝尼商会的
商品账(1321)

图1-5 戴尔·贝尼商会的分类账
(1390—1392)

不过,在复式簿记诞生初期,总账内还没有设集合损益账户。即使是设了,由于当时不仅是费用、收益,资产、负债也一同转记,所以用损益账户不能计算出企业整体总损益。也就是说,没能通过复式簿记的持续性记录——集合损益账户来算出利润。当时是利用实地盘存做成的毕兰奇奥(利润处理结合财产目录)来计算出利润,然后进行分配的。

用14世纪初佛罗伦萨的戴尔·贝尼商会的账簿和阿尔伯提商会第一分会的秘密账举个例子。账簿上面的损益算定以及利润分配都不是根据集合损益账户,而是利用与账簿记录无关的实地盘存做成的毕兰奇奥来计算的[①],也就是用纯粹的资产负债法来算出利润的。

当用损益账户计算出来的利润与用毕兰奇奥计算出来的利润有很大

---

① Alvaro[1974],Part 1, p.427, p.431.

差别时,损益账通过利润分配过程,不与资本金账接续,在决定利润分配、损失负担时,优先考虑毕兰奇奥的结果。结果就是作为期间合伙企业的损益计算法,毕兰奇奥比损益账户更受重视①。这种重视毕兰奇奥的想法在 14 世纪的托斯卡纳地区是普遍现象。不光是戴尔·贝尼,佩尔奇、科波尼的会计账簿也一样,损益账户的余额数值的可靠性不高②。把损益账户利润看成正式利润是 14 世纪中叶的事了。

第四节 公认说法中的损益计算制度的演进图解

公认说法中的分账户损益计算制度

　　根据到目前为止的公认说法,复式簿记诞生之初的损益计算制度是,先分别设立各个贩卖商品账户,等这些商品全部卖完才首次结账,计算各个商品的利润。人们把这种损益计算制度称为分账户损益计算制度。它最大的特质是：(1) 分别设立各个贩卖商品账户；(2) 各个贩卖商品全部卖完才首次结账,计算各个商品的利润(具体是分别计算各个商品的毛利润),也就是整体损益计算。公认说法中,将这种各商品类别损益计算制度进化成期间损益计算制度的是 17 世纪的荷兰,是以法兰德斯地区为中心的多个坐商的出现而形成的。

　　所以,分账户损益计算的最大特点是将各个商品都设立账户来计算,而从分账户损益计算进化而来的损益计算制度。也就是说,期间损益计算制度的特点就是不设立各个商品账户,将所有商品综合起来计算。由此可以推定,一般商品账户的出现是期间损益计算诞生的第一要因。这里,有一个最大的错误。因为那之后我们看到,就算每个商品都设商品账

---

① 泉谷[1997]170—171 页。
② 泉谷[1980]241 页。

户,把所有类别的商品账户在一定期间内结账,是可以算出企业整体总损益的。这就是错误开始的第一步。

公认说法中的分账户损益计算的特征

再次强调,公认说法的分账户损益计算的最大特征为:一是按照货物批次或每次航海(旅行)类别来设立账户;二是批次货物或航海(旅行)账户是要等所有商品统统售罄才可以结算的整体损益计算形式。

关于分账户损益计算进化为新的损益计算制度——期间损益计算的标志,传统说法有两个:一是一般商品会计核算的出现;二是按照权责发生制为前提的期间损益计算收益、费用的记账。

关于这一点,请看图1-6,传统的损益计算制度发展的构图中,分账户损益计算和期间损益计算的特征设定为[分账户损益计算=整体损益计算,期间损益计算=总损益计算],所以必然地会认为一般商品账户的出现和权责发生制的登场是期间损益计算诞生的标志。但是,事实上这是错误的。

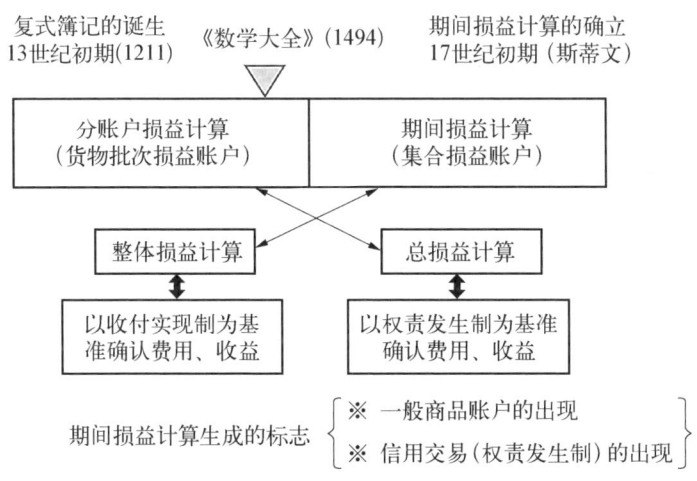

图1-6 公认说法的损益计算制度的发展

损益计算制度发展的真实形态

关于损益计算制度在历史中演变的真实情况，实际上是按照第五节刊载的图1-10那种形态进行演变的。也就是说，本来按货物类别设置账户，和根据每个经销商品来计算的所谓分账户损益法相对立的损益计算制度，应该不是一种按期间划分的损益计算制度，而必须是一种包括所有商品在内，计算企业整体损益的总损益计算。

与此相比，和期间损益计算制度这种划分特定期间而进行的损益计算制度相对的损益计算制度，应该是一种不以期间为前提，当全部商品在不划分期间，出售完毕时才计算损益的制度，也就是整体损益计算。将这个[分账户损益计算⇔总损益计算，期间损益计算⇔整体损益计算]的对应关系替换成[分账户损益计算⇔期间损益计算]，就是所有谬误的开始。

按分账户损益计算向期间损益计算发展的这种构图方式，其实是将处于不同坐标的制度定位在相同的坐标上了。

错误解释的源泉

那么，为何会出现这种错误的解释呢？因为分账户损益计算是一种整体结算，故不需要将收益、费用划分为是属于本期还是下期进行识别。因此，根据权责发生制来确认收益、费用，其前提是必须进行期间损益计算。其结果是，比期间损益计算更早出现的分账户损益计算对收益、费用的确认，就被推测成是基于期间损益计算的权责发生制了，这种思路传承至今。或许大家认为依靠现金收支来了解财产管理，至少比依靠权责发生制进行确认的方法来得单纯吧。

然而，这只不过是一种大脑中凭空想出来的理论性推论而已。实际上，复式簿记中每天持续不懈地进行正确的交易记录之所以会诞生，是因为信用交易的出现。众所周知，这个信用交易的出现是由单纯的债权债务备忘录发展成损益计算的最主要的原因。

13世纪的意大利商人为了向参加十字军的骑士和诸侯收回借贷款项,前往欧洲西北部,在归途中顺便带回了佛兰德斯地区和英格兰的毛纺织品。在联结北海、波罗的海商业圈和地中海商业圈之间的工商业兴隆繁盛的时代背景下,他们自然大赚特赚。其结果是,以金融业为中心的商业兴旺发达,众多资金都集聚到意大利,产生了信用交易和汇兑交易。尤其是在佛罗伦萨、威尼斯、热那亚和比萨,商贾云集,银行业(兑换商)和商业空前繁荣①。

特别是佛罗伦萨的商人们与威尼斯的商人们不同,其和没有血缘关系的他人结成了合伙企业。在合伙会员之间出现了利润分配的必要性,虽然一开始不一定定期进行计算,不过也划分期间进行损益计算。

图1-7　14世纪货币兑换场景,作者不详,Yamey, B.[1986], p.79.

权责发生制与复式簿记同时诞生

俗话说"事实胜于雄辩",为了佐证权责发生制和复式簿记同时

---

① 清水[1982]38—40页。

诞生的事实，我们可以列举法洛路飞商会沙龙支店的总账（1299—1300）。在其中，我们已经能从现存的商人账簿里确认到从经费账户中计算扣除未使用食品的款项以及预付地租记录（期间分配）这一事实了[①]。

此外，作为债权债务的备忘录而诞生的复式簿记，从出现伊始就不只是记载现金交易，还将信用赊账所产生的销售额和采购额作为本期的销售收益和采购费用计入账簿。其绝不是仅将现金收支情况当成本期的收益和费用进行计算的。复式簿记自诞生之时起，就是遵照权责发生制将收益、费用计入账簿的。

卢卡·帕乔利的《数学大全》论述的是分账户损益计算还是期间损益计算

顺便聊个题外话。关于1494年卢卡·帕乔利在威尼斯编著的世界最初的簿记书中论述的损益计算是分账户损益计算还是期间损益计算，众说纷纭，直到今天，还有部分学者在进行争论。

根据以往的定论，像第11页的图1-6中所明确显示的那样，无论从时代还是从地域的角度来看，卢卡·帕乔利所论述的损益计算制度，应该算是分账户损益计算。然而，正确看法应该是，像第19页刊载的图1-10那样，帕乔利的《数学大全》所论述的损益计算制度，虽非按每年一次定期进行计算，不过也是属于期间划分的损益计算，也算得上先驱性期间损益计算了。

《数学大全》出版于15世纪末期，定期的期间损益计算制度是在16世纪上半叶得以完善的。考虑到这种时代背景，就容易推测到卢卡·帕乔利也觉得每年进行定期的期间损益计算比较合理，才在簿记书中论述了这个想法吧。此外，还容易想象到在当时，也已经有相当数量的商人

[①] 泉谷［1980］112页。

们每年结一次账,进行期间损益的计算。那么,就不难看出卢卡·帕乔利在《数学大全》中浓缩总结时多少保留了部分威尼斯的损益计算制度,向新的期间损益计算进化的时代特征。

第五节　错误解释公认说法的理由

分账户损益计算的名称来历

关于损益计算制度演变的公认说法进行错误解释的最大原因在于分账户损益计算这个术语本身。分账户损益计算(Partierechnung)这个观念,是因为德国会计学家欧根·施马伦巴赫(Eugen Schmalenbach, 1873—1955)在其提出的动态论中,将企业损益计算的核心定义为损益计算表,而不是资产负债表。在此前提下,为了强调期间损益计算的意义或特质,在阐述与整体损益计算之间的关联时,分账户损益计算被对照性地予以采用,这种思路现在已经众所周知了[①]。

误解的理由(1)

直到现在,由于过度强调分账户损益计算的最大特征是按批次来设置商品账户中"批次"这个词汇的结果,人们就以为商品账户是按经销商品的批次或航海(旅行)次数而设定本身是分账户损益计算的最大特征。为此,人们就研究探求,区分分账户损益计算和期间损益计算的最大不同点是商品账户里设置的商品账目是按商品批次进行分类的分账户商品账户,还是将这些综合在一份账户里的一般商品账户。因此,其提出了出现期间损益计算的象征是一般商品账户的登场这一结论。可是,正如我接下来将详细叙述的那样,一般商品账户的登场,并不是按公认说法所说的

---

① Schumalenbach [1939], S.60.

在出现了期间损益计算的17世纪,而是相隔甚久,进入19世纪之后的事情了。

误解的理由(2)

引发公认说法错误的第2个原因是,没能认识到威尼斯式簿记和佛罗伦萨式簿记之间所存在的差异。无须赘述,研究历史的基本方法是进行比较研究。这种比较研究,一般的想法是利用时间轴上的不同进行比较,与此重要程度相同的是比较研究空间轴上的不同。即使是在相同时代,只要所处的国家和地域不同,当然就会因那里的文化、技术和政治等差异,而使当地的各种制度出现巨大差异。这就是考虑到空间轴上的不同进行比较研究变得至关重要的主要原因。

卢卡·帕乔利(Luca Pacioli, 1445—1517)编写的世界最早的簿记书《算术、几何、比及比例概要》(又名《数学大全》)堪称是会计学研究的圣典。本书于威尼斯出版,书中记述的内容也对当时的威尼斯商人簿记法进行了解说。不过也许是卢卡·帕乔利的这本《数学大全》(1494)被奉为圣典,影响力过于强大的原因吧,导致人们深信13世纪诞生于意大利的佛罗伦萨复式簿记与威尼斯所采用的簿记法是相同的。

可实际上,即使同样是在13世纪的意大利,像图1-10所显示的那样,在威尼斯与佛罗伦萨,复式簿记的记账法的差异也反映了当时两者的企业形态的差异。

如先前所述,因为在佛罗伦萨,商人们会和其他人共同出资组建合伙企业,于是就产生了在相应时刻,合伙会员之间必须分配利润的现实性问题。即使同样是在13世纪初,与威尼斯不同,佛罗伦萨的商人们和没有血缘关系的第三者结成合伙企业经营事业,因而即便不完全是定期,也需要在某个时刻,在合伙会员之间进行利润分配。为此,他们采用的并不是等商品全部出售完毕才计算损益的威尼斯式整体损益计算,而是划分期间进行损益计算的。

误解的理由(3)

引发公认说法错误的第 3 个理由是,由于将复式簿记解释为在诞生之时是分账户损益计算制度,之后发展成为期间损益计算(参照图 1-6)。如果期间损益计算依照权责发生制来确认费用、收益,那么就容易得出之前出现的分账户损益计算是依照比权责发生制更为原始的收付实现制来确认费用、收益的推论了。

期间损益计算是种将本期实现的所有收益和本期发生的所有费用对应起来计算本期净利润的损益计算制度。因此,其前提是收益、费用的确认基准为权责发生制(有关收益则为实现原则)。为此,在比期间损益计算制度更早出现的分账户损益计算制度下,是根据权责发生制之前具有单纯确认基准的收付实现制来确认收益、费用的。然而,所谓确认基准,严格地说是在本期产生的收支中,识别本期的收益、费用和下期之后的收益、费用的基准。因此,在属于整体损益计算的分账户损益计算制度下,就不会出现将今天所产生的收益和费用划分到各自适当期间去的这种识别性问题。

账簿的可靠性担保

复式簿记诞生的最重要原因是信用交易。因为如果是以物换物或现金交易,当场就结算清楚了,什么记录都没有必要。一旦产生了信用交易的话,由于人的记忆力有限,准确地记住所有交易可以说是难于登天,甚至是毫无可能。因此,恐怕到后来就会出现"已经还了,我还没收到"之类的纠纷。

为了避免这种纠纷,作为债权债务的备忘录,诞生了留下记录的复式簿记。因此,这种账簿记录的前提理所当然地应该要准确记账。有意思的是,为了保证记账没有错误和避免做手脚,在中世纪的基督教社会,账簿的扉页上除了有十字架之外,还写着"以上帝之名,阿门(In Nome di Dio, Amen＝In the Name of God, Amen)",期望借助上帝的力量来确保账簿的正确性。

这或许是让广大普通民众也承认复式簿记的账簿记录拥有可代替公证书的可靠性吧。在账簿上画上十字架并写入向上帝宣誓语句的行为，明确说明了信用交易的出现是催生复式簿记的佐证。这种十字架和向上帝发誓的语句从账簿中消失，是持续性记载积淀的账簿成为值得信赖的文书证据，也就是达到获取了与公证书同等的可靠性之后的事情。因此，16世纪后半期到17世纪初期之后，十字架和向上帝的誓词才从账簿中消失。

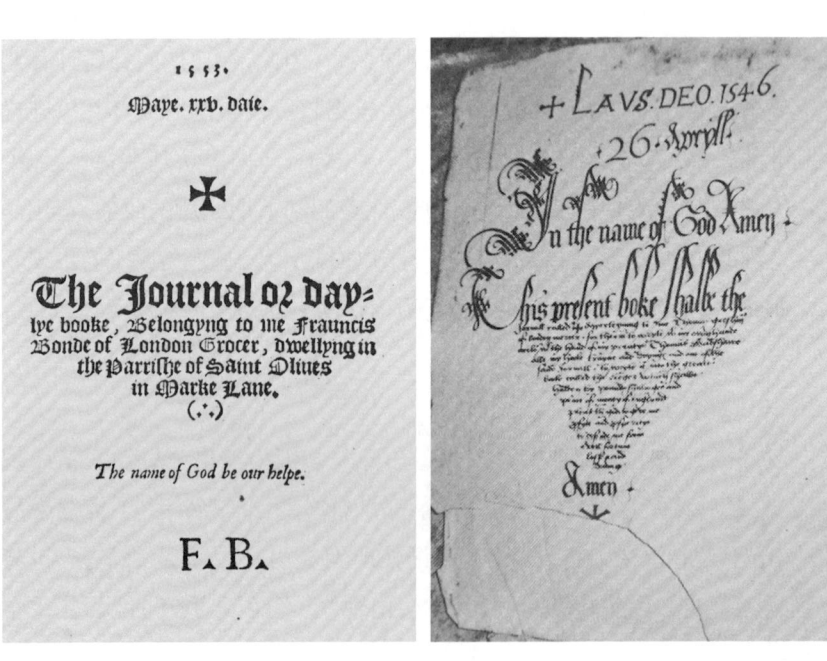

图1-8　皮尔《新指南》(1543)　　图1-9　托马斯·格雷沙姆的账簿(1546)

损益计算制度发展的真正轨迹

损益计算制度的发展如图1-10中所显示的那样，在威尼斯与佛罗伦萨，政治体制的不同给企业形态也带来了重大影响，其结果是损益计算制度也出现了巨大差异。

复式簿记诞生伊始的 13、14 世纪,威尼斯的商人们根据分账户损益计算制度来计算处理分账户经销商品的损益;但同样是在意大利,佛罗伦萨的商人们的做法与此不同,虽然还不一定是定期,但已划分期间计算总损益了。这就是先驱性期间损益计算制度。威尼斯采用划分期间来进行总损益计算,是到 14 世纪初期之后的事情了。

损益计算制度的历史性演变过程,可以说在图 1-10 中已概括得淋漓尽致。希望大家能好好地记在脑海里。

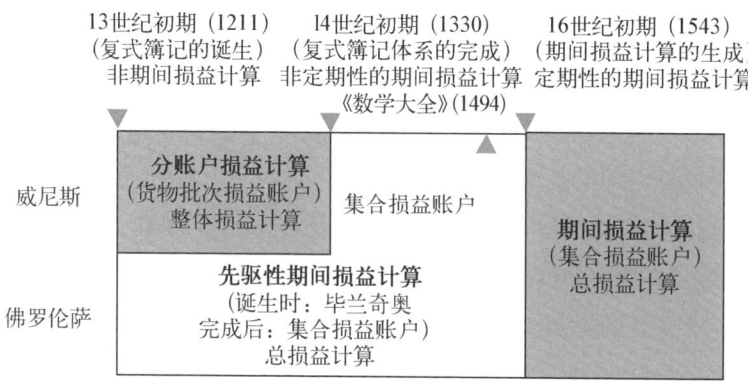

*期间损益计算生成的标志:不是一般商品账户的出现,而是期末库存商品(销售剩余商品)的确认

图 1-10 三个损益计算制度的关联

所谓的收付实现制并不是确认基准

在权责发生制之前的确认基准是收付实现制这种一般性理解本身就是错误的。究其原因,是因为所谓收付实现制并不是确认基准。

过去一般理解的所谓收付实现制的确认基准,是将现金收入看成收益,将现金支出当成费用的基准。可是如果将所有产生现金收入时全部算成收益,有现金支出时全部算成费用的行为当成收付实现制的确认基准,那就完全不需要识别实际产生的现金收支是属于哪个期间的收益和费用的判断基准了。因此,确认基准也就没有存在的意义了。

所谓确认基准,是在以今天的期间损益计算为前提的损益计算制度下,具体确认收益、费用的期间归属关系的基准。其是确认本期所发生的收益、费用和不属于本期的收益、费用的基准。如果这样的话,在收付实现制下,该期收到的所有现金收入就直接算成收益,该期所支付的全部现金支出就直接算成费用,完全就没有设定什么确认基准等的必要了。

因此,分账户损益计算思路下的所谓收付实现制,绝不是进行确认的基准,只不过是将现金收支划分成收入或支出的处理法而已。可以说依照现金收支的差额来计算净资产的行为,是随着货币的出现同时发生的。其和单纯进行财产管理的现金收支记录以及损益计算,是完全不同的。

第六节　正确的损益计算制度的演变过程

根据公认的说法,分账户损益计算的特点有以下两个:(1)按商品批次设定商品账户计算每批次商品的损益状况;(2)并不是按期间计算损益,而是对企业从成立到解散整个期间的损益状况进行整体损益计算。与此相对,期间损益计算的特点也有两个:(1)并不是整体损益计算,而是划分期间计算损益;(2)计算的不是所经销商品的分账户损益,而是综合计算包括所有商品的总体损益。

公认说法中分账户损益计算制度的特征

分账户损益计算制度的最大特征是经销商品按批次设置账户,人们因此受到巨大的影响,出现期间损益计算的象征不是分批次的商品,而是出现了将所有商品进行统一处理的一般商品账户。这正是确认错误的始作俑者,我们在前边已经予以论述了。如将分账户损益计算制度的本质规定成这种按每批次经销商品设立商品账户来处理的损益计算制度,那么相对应的损益计算制度,将不是按期间的损益计算,而应是将所有商品全包括在内计算损益的总损益计算制度。另外,如将期间损益计算制度的本质看成按期间划分的损益计算,那么相对应的损益计算制度,将不是分账户商品的损益计算,而是不以划分期间为前提的整体损益计算。

也就是说,在公认说法的解释里,由于分账户损益计算的分账户这个字眼过分醒目的缘故,故而受其影响,将与之对立的期间损益计算特征定义为不是按每批次商品进行损益计算的企业整体总损益计算。其结果是,人们在头脑中构建起一套理论,认为一般商品账户的出现一定摒弃了分账户损益计算制度,并成为诞生期间损益计算制度的主要原因。可是,事实并非如此。

认识威尼斯式簿记和佛罗伦萨式簿记之间的差异

造成这种误解的最大原因,在于没能明确地区别威尼斯式簿记和佛罗伦萨式簿记之间的差异。历史研究的原点是进行比较研究,其中尤为重要的是在空间和时间这两方面进行比较。在一般人的印象里,历史研究往往被看成是不同时代的比较,但实际上,对同一个时代不同地区进行比较也变得重要起来。

前面已进行过叙述,威尼斯在复式簿记诞生时,是受以贵族为主、靠血缘维系的世袭制大议会所统治的。因此,当时那里的企业形态主流,必然是以个人、家族或血缘为主的家族合伙企业(Societas)。与此相对,在相同时代的佛罗伦萨,商人们结成了与威尼斯一样的同职合伙企业(Arte),但与威尼斯不同的是,那里否定靠血缘组成的合伙企业,而是与血缘以外的第三者合作,组成期间合伙企业(Magna Societas)[①]。因为是

[①] 渡边[2014]20—21页。

与别人结成的合伙企业,所以一开始其不完全是定期,而是在某个时刻,会按期间计算企业的总损益,在合伙会员之间分配先前获得的成果,也就是产生了进行利润分配的必要性。

为了正确计算划分期间后的损益,和销售收益对应的不是采购成本,而是销售成本。为此,必须要有对剩余商品的认识。为了划分期间来计算损益,如果严密解释的话,将期末存货从采购总额中扣除,使销售收益对应的不是采购成本而是销售成本。期末库存商品的评估,这种评估是否正确,是判断是否进行了期间损益计算的重要特征。期间损益计算诞生的特征绝不是出现一般商品的账户,以及是否运用权责发生制进行会计处理。

事实上从开始就是权责发生制

如果像公认说法那样,损益计算制度是从分账户损益计算进化为期间损益计算的,而促使期间损益计算诞生的是权责发生制,在期间损益计算之前公认的分账户损益计算的确认基准是收付实现制,那么这种理论性推测就违反了历史事实。

损益计算制度历史性演变过程,实际上如图1-10所示。也就是在13世纪伊始,复式簿记诞生之初,在威尼斯与佛罗伦萨,就采用不同的损益计算制度了。虽然是在相同的时代,但是前者采用分账户损益计算,而后者则采用先驱性期间损益计算。可是,到了14世纪初期左右,威尼斯和佛罗伦萨都统一采用非定期的先驱性期间损益计算,最晚是在16世纪初期,进化成每年一次的期间损益计算(年度决算)制度。这才是历史事实。期间损益计算的登场,无须等到17世纪。

此外,如要比较分账户损益计算、先驱性期间损益计算和期间损益计算(年度损益计算)这三者的特点,敬请参照表1-1。

第一章 损益计算制度的演变：从分账户损益计算过渡到期间损益计算的错误

表1-1 复式簿记形成过程中损益计算形态的不同

时代	13世纪初期至14世纪初期	14世纪上半叶至16世纪中期	16世纪中期之后
地区	威尼斯（以下各栏的虚线上端） ------ 佛罗伦萨（以下各栏的虚线下端）		安特卫普
商业形态	个人、家族合伙企业 ------ 期间合伙企业		坐商（合伙）
簿记的出现	复式簿记的产生	复式簿记的完善	年度决算的出现
记账目的	债权债务的备忘录（公证书） ------ 利润分配计算	总损益计算	年度损益计算
损益计算系统	分账户损益计算（按各批次的商品账户，每次售罄时计算） ------ 先驱性期间损益计算（非定期性的计算）		期间损益计算（每年计算）
损益的种类	分账户损益 ------ 基于毕兰奇奥的非定期总损益	基于集合损益账户的非定期的总损益	定期的总损益
计算损益的场所	批次商品账户 ------ 毕兰奇奥	集合损益账户	

第二章

收益、费用的确认基准：

从收付实现制过渡到权责发生制的错误

第一节　损益计算和确认基准

第二节　会计层面上确认的本质

第三节　权责发生制的前身是收付实现制吗

第四节　会计生成时即是权责发生制

第五节　收付实现制的分期付款回收基准

第一节　损益计算和确认基准

迄今为止对于确认基准的解释

　　一般情况下,人们认为会计是指对经济现象进行确认(识别)、计量和传达的过程。这里所说的确认,是指在日常发生的繁杂多样的经济现象中,识别出可作为会计意义上的交易记录进账本的行为。换而言之,确认是指从日常交易中发生的各种实际经济现象中,在计算本期的净利润或综合收益总额时,对于某笔交易所产生的收益是作为本期的收益和费用记入账面还是不记入账面进行严格区别的行为。

　　关于这种会计层面的确认基准,过去在日本被理解为"由收付实现制向权责发生制演变"[①],众多会计方面的基本书籍、入门书籍或教科书等在未经验证其正确与否的情况下就予以接受,并传承至今。可是,这种解释明显违背了历史事实。

　　那么,必须弄清作为损益计算基础的收益、费用的确认基准在历史发展中成为"从收付实现制向权责发生制演变"这个公认说法错在哪里,以及为何这种与历史事实迥异的解释至今依然大行其道、不受批判。还需指出到目前为止收益、费用的确认基准这一传统解释的错误,并提出正确的演变过程。另外还要在这些过程中,阐明会计或支撑该计算系统的复式簿记本来的作用是什么。

会计的作用与确认(识别)基准

　　美国会计学会(AAA)曾规定说会计是"为使信息使用者能在精通了解

[①]　收付实现制与权责发生制这两个说法,原本是为了确认收益和费用的基准,并非是什么制度。因而从严格意义上说,这两个说法称为现金基准与发生基准更为妥当,本书遵循一般用法,称之为收付实现制与权责发生制。

情况的基础上进行判断和决策,而对经济性信息进行确认、计量和传达的过程"。① 在这里所说的确认,如用通俗易懂的说法,就是指对于诸如商务交易等各种经济现象作为会计层面的交易予以确认的基准,即是否在会计账簿里进行记账的确认基准。为此,会计意义上的识别通常被同义解释为确认。

对于这个确认,美国财务会计准则委员会(FASB)规定"所谓确认,是指某项目是否作为资产、负债、收益、费用或与此类似的东西,在企业的财务报表上正式记录或记载的过程"。② 国际会计准则(IAS)则认为"所谓确认,是指将满足构成要素的定义,足以达到在第 83 项说明的确认基准的项目记载进资产负债表及损益计算表里的过程"。③ 而在日本的企业会计准则委员会(ASBJ)也大体上同样定义为"在财务报表中的所谓确认,是将构成要素计入财务报表的主体"。④

归纳这三者所做的定义,就是所谓确认,是指在账簿上进行记录的行为。更为缜密地说,确认是在识别属于本期的收益、费用和不属于本期的收益、费用的基础上,计算本期的期间损益的行为。浅显易懂地说,就是判断各种经济现象能否认定为会计层面上的交易行为。

第二节　会计层面上确认的本质

再次整理一下以上所述,所谓会计层面上的确认,是指在所有经济性现象中,判断和识别某个经济现象作为会计层面上的交易而符合财务报表的项目,能否成为会计层面上的记账对象的交易行为。

---

① AAA[1966],p.2. 饭野译[1969]2 页。

② FASB [1984], "Recognition and Measurement in Financial Statement of Business Enterprises", No.5. Par.6, New York.平松,广濑共译[1996]212 页。

③ IASB [2006], Par.82, F27.企业会计审议委员会[2006]"对财务报表的确认与计量",23 页。

④ 齐藤编著[2007]104 页。

具体而言，由于现代会计以期间损益计算为前提，因此更为狭义地解释确认这种行为的话，正如反复叙述的那样，指的是在计入资产、负债、净资产、收益和费用时，区分当期的部分乃至下期以后部分与前期的归属部分的基准。可以说，确认基准与计量基准（在账簿里记录交易时，具体决定该金额多少的记账基准）相同，对会计的损益计算来说是最基本的关键基准。

分账户损益计算思路下的确认基准

如此一来，如果更为狭义地将确认基准作为期间归属的识别基准，由于所谓的分账户损益计算就是整体损益计算（非分期损益计算），无须在整个项目期间中划分所得的收入和支付的支出，按各个期间进行收益和费用分配。因此，就不会产生确认相关的问题。13、14世纪的威尼斯合伙企业的所谓风险企业，对于各项经销处理的商品没出售完毕不进行结账，不计算总损益，当然就不需要决定期间归属的判断基准了。

其结果为，在分账户损益计算的情况下，总"现金"支出和总费用、总"现金"收入和总收益总是相等。不用说，无论是基于收付实现制的损益计算还是基于权责发生制的损益计算，只要去掉时间这一框架，得到的损益金额最终都是相等的。这就是施马伦巴赫所说的一致原则。以期间损益计算为前提时，收益、费用的确认标准才成为问题。只有在需要将收益、费用划分为不同时期时，才需要有识别哪个时期的收益、费用的基准。

14世纪初期复式簿记成形以后，即使还有非定期损益计算，只要通过复式簿记，也就是通过持续记录为基础的损益计算来划分期间的损益计算形态固定下来之后，必然也就按照权责发生制进行期间分配。因此反过来说，在不划分期间的分账户损益计算的思路下，有关收益、费用，就不会产生确认（识别）问题了。

为制定确认基准而产生的权责发生制

用现金支付的电费、燃气费和以现金收取的房租，是计算成本期的费用和收益,还是计算成下期以后的费用和收益,对期间损益计算来说是件极为重要的事情。而识别这种收益、费用的期间归属的基准就是确认基准。如按照收付实现制的思路,支付之时全部算成费用,收取之时全部算成收益,那么,就无须把支出的金额分成为本期和下期以后的收益、费用。

由于无须划分定期还是非定期,为了算出企业整体的总损益,就必须将该期间的全部收益和全部费用与之对应。为此,在现实中产生的收益和费用是确定为本期还是下期以后,亦或是前期的,就必须确定基准。为这种确认而出现的基准就是权责发生制。

先驱性期间损益计算思路下的损益计算

按期间划分的损益计算在复式簿记诞生之时,并没有像今天这样每年都进行计算。不过,即使是非定期的损益计算(先驱性期间损益计算),由于是按期间来划分损益计算的,需要制定所发生的收益、费用的期间归属基准。决定这种期间归属的基准就是权责发生制。

虽属于非定期的,但划分期间的损益计算方式,在复式簿记诞生的13世纪之初佛罗伦萨的期间合伙企业就已经予以采用。其将这种非定期的期间损益计算称为先驱性期间损益计算,在第1章中已有叙述。先驱性期间损益计算绝非像公认说法所称的那样是诞生于17世纪的荷兰。

而且正如上一章说明的图1-10中所明确显示的那样,非定期的期间损益计算(先驱性期间损益计算)并不是由分账户损益计算派生而来的,它已经在复式簿记诞生的同时,和分账户损益计算并行不悖地出现了。公认说法的错误在于,第一,最为重要的是没能认识到威尼斯式簿记和佛罗伦萨式簿记之间的不同;第二,"分账户损益计算"的"分账户"字眼过于夺人眼球,以至于错误地将按货物批次设置商品账户理解成分账户损益计算的特点;第三,把比权责发生制更为先行完善的确认基准认为是收付实现制,这也是个重要原因。本来,与"分账户"损益计算相对应的损益计算制度是"总"损益计算,与"期间"损益计算相对应的损益计算制度是"整体"损益计算(参照图 1-6)。详细内容将在下面的章节中进行阐述。

第三节 权责发生制的前身是收付实现制吗

公认说法的错误根源

那么为何像公认说法这样的错误会得以流传呢?按照迄今为止的公认说法,收益、费用的确认基准在历史上被理解为从收付实现制向权责发生制的演变。这种主张直到 20 世纪中叶,仍被日本的几位权威会计学者宣扬[①],至今仍被众多研究人员在不经验证的情况下得以流传,这并非是什么危言耸听的说法。

日本所进行的会计史研究,在其初期也难以直接获得欧美的第一手史料。为此分析工作不得不依据具有局限性的二手史料,并通过残缺零散的原始史料来推测空白理论,进行补缺。其结果是,与史实有出入的推论就容易被当成真正的历史事实而被流传至今。无论是在哪个领域,这种现象也都是常有的事。

某位特定的权威人士在著书立说时,如果那位提倡者是位货真价实的泰斗,众多后继之人就越容易从根本上认为该学说应该千真万确、毫无瑕疵,并对此深信不疑,从而(后继之人)就对该权威人士所主张的想法囫囵吞枣并予以传承。于是,在不知不觉之中,各个领域里就形成了所谓定论或常识。包括本人在内,后学之辈们都必须铭记"智者千虑,必有一失"。任何名医都会有误诊的风险。

这种从收付实现制演变为权责发生制的误导性确认基准的形成原

---

① 黑泽[1951],山下[1955]。

因,据我个人推测,其一是由于基于收付实现制的确认极为简单明了,因此就想当然地以为这正是确认基准的最原始形态;其二,起因于将其视为上一章所叙述的损益计算制度的演变过程——分账户损益计算制度向期间损益计算制度演变的理解。关于后者已经做了分析剖明,在此,再容我稍微对前者进行一番详细分析。

公认说法中确认基准的演变

按照迄今为止的公认说法,损益计算的历史演变过程被描绘在一条单线上,是从分账户损益计算向期间损益计算发展的。这正是误解确认基准演变的罪魁祸首。由于整体总损益计算所采用的确认基准是权责发生制,而分账户损益计算则作为更早出现的整体损益计算所采用的确认基准,它必定是更为原始的基准。因此,权责发生制的原始确认基准,是以现金收支为基准的收付实现制。由此,就得出了在复式簿记诞生之初,人们肯定采用比权责发生制更早的,依据更为原始基准的收付实现制进行损益计算的推论。这正是错误认识的根源所在。

在复式簿记诞生之初的佛罗伦萨,期间损益计算中不仅已经存在着像今天这样每年都进行一次企业整体的总损益计算,还存在着一种尽管是非定期的、却具有先驱性期间损益计算概念的,计算企业整体的总损益的损益计算制度。

然而,创建了当今公认说法的是代表当时的权威学会中鼎鼎有名的代表性学者们。他们的观点主张构建起了一套坚不可摧的定论。在此,向大家介绍公认说法中两位具有代表性的立论者的见解,并剖析他们学说中的谬误之处。

黑泽学说所揭示的损益计算制度的演变

黑泽清在其著作《近代会计学》中做出如下说明:"在古代的会计惯例

中,采用收付实现制(cash basis)来决定费用及收益的分期。收付实现制是一种以现金支出为费用产生基准,以现金收入为收益产生基准的会计处理原则。……收付实现制几乎不进行信用交易,因而在未拥有长期性固定资产的情况下,会计上不会出现严重的破绽。不过,对于交易条件和资产及资本构成处于复杂化的现代企业而言,其作为期间损益计算的衡量作用却逐渐丧失。于是出现了由收付实现制发展而来、称为责任制度的会计处理原则。……责任制度是从收付实现制(cash basis)向权责发生制(accrual basis)演变时起到了过渡性作用的会计基准。因而将其命名为半权责发生制。"[①]并且,他还主张由收付实现制孕育出半权责发生制,再演变为权责发生制。

山下学说所揭示的损益计算制度的演变

此外,山下胜治在其著作《会计学的一般理论》中有如下阐述:"发生原则作为收益、费用的确认原则,从历史上看,因是从收付实现制原则发展而来的,故此我们可从收付实现制原则向权责发生制原则发展的过程中,探求权责发生制原则的意义。……作为收付实现制原则的理想典型,可以观察整体损益计算。……中世纪的分账户损益计算,是在每笔冒险交易完成之后才进行结算的,那只能说是一种整体损益计算的形态。其共通的性质,就在于等整个交易活动完成才计算损益。……那里,在交易活动的中途不需要确认收益、费用……现金收支计算即为损益计算。……在这种情况下,可以看出收付实现制原则是种最为直截了当的形式。……所谓'权责发生'的意思是产生收益、费用的'对价',……在美国,将权责发生制称为责任原则……其原因就在于使用了和权责发生制原则相当的用语。"[②]

---

① 黑泽[1951]76—77页。
② 山下[1955]98—103页。

关于半权责发生制的提议

然而，在山下胜治论著中，或许是注意到采用责任原则（半权责发生制）这个概念的矛盾，在其之后的新版修订中，有关责任原则的说明就被删除了。这个责任原则，或是半权责发生制的提议，并非是在历史中实际存在过的收益、费用的确认基准，仅仅是在头脑中杜撰考虑出来的权宜说法吧。或许，尽管黑泽清和山下胜治将复式簿记诞生之初的确认基准解释为由收付实现制向权责发生制演变，但他们也知道债权债务的记录在复式簿记诞生之初就已经存在的事实，因此需要两者之间的过渡形态，才采用了这个责任原则的说法，试图说明这种演变。

实际情况是，虽然会计层面的确认是从收付实现制进化为权责发生制的，但即使在根据收付实现制所确认的分账户损益计算的情况下，也明显知道以信用交易为基础的赊账买卖在历史现实中已经出现。为了消除这个矛盾，在确认手段上自圆其说，他们不得已才在收付实现制和权责发生制之间想象出半权责发生制这个概念。

权责发生制是法律上的概念吗

半权责发生制这种想法伴随着信用交易而产生的债权债务记录，因此可解释为由确权原则所产生的确认手段，也就是可解释成法律上的概念了。由此，从半权责发生制进化的权责发生制这种确认手法也在一定程度上被解释为法律上的概念。可是，这种所谓的半权责发生制确认手法，不仅在现实中不存在，也没有根据半权责发生制记录收益、费用的。权责发生制并不是由法律派生出来的，而纯粹是由会计派生出来的概念。因为信用交易的出现而诞生了复式簿记，那复式簿记必然从诞生伊始就作为权责发生制这种纯粹属于会计层面的确认基准被记录下来了。

更进一步来说，在定论中说到，作为从收付实现制向权责发生制演变主要原因是，在当今的市场经济条件下，收益、费用和现金收支之间产生了偏差，因此需要一种可代替收付实现制的确认基准，并列出造成偏差扩大的原因有两个:(1)固定资产的比重扩大(折旧的出现);(2)信用制度的发展①。

两者之间的矛盾

如果像他们所主张的那样,期间损益计算制度是因权责发生制的登场而成立的,通过这种权责发生制所进行的会计处理以及固定资产的比重增大使折旧概念登场,从而扩大了确认基准的偏差。如果说需要一种可代替以往收付实现制的确认基准的话,那么关于偏差扩大的讨论,应该是19世纪以后的事情了。其与权责发生制诞生之时所引发的争论没有任何关系。此外,正如我已在第一章中所阐明的那样,考虑到产生复式簿记的主要原因是信用交易,那么就会发现收益、费用在13世纪复式簿记诞生伊始,就明显已经为权责发生制所确认。

如果考虑到复式簿记是作为债权债务的备忘录,或者公证书而出现的,那么显然,信用交易的出现将是复式簿记诞生的最为重要的原因。根据信用交易所进行的记录,其现金收入和收益、现金支出和费用之间当然会产生时间上的偏差。在确认这种偏差的基础上,换句话说,在充分认识到现金收入不一定是该期间的收益,现金支出也并非该期间的费用的情况下,计算期间损益时必须相应地显示出现金收入不等同于收益、现金支出也不等同于费用。显而易见的是,复式簿记从其诞生伊始,就不是根据收付实现制,而是根据权责发生制来计入收益、费用,并计算企业的期间损益的。

佛罗伦萨商人采用权责发生制

翻阅当时意大利商人的账簿会发现,从13世纪伊始,就有反映信用交易的赊销款项和赊购进货的记载。尤其是佛罗伦萨的商人们与威尼斯

---

① 山下[1955]100页,山下[1968]47页。

商人不同，他们虽然不一定是定期结账，但是划分期间，进行损益计算。如此带来的结果，当然要求不是采用收付实现制，而是根据权责发生制来计算损益了。

譬如，法洛路飞商会沙龙支店的总账（1299—1300）中可以清楚地看到上边记载着从经费账户中扣除未使用食品的款项以及预付地租（期间分配）的账目[①]。记录在这些账簿上的事实，明确说明了复式簿记从诞生伊始就已经采用权责发生制进行会计处理了。

第四节 会计生成时即是权责发生制

收付实现制并不是进行确认的基准

仅从未使用食品的扣除款项以及预付地租的记载事实，就可以明确知道会计从诞生那天起就是采用权责发生制进行记录的。在此基础上，更为关键的是把收付实现制作为权责发生制之前的确认基准这件事本身，不得不说是个错误。究其原因，是因为收付实现制不是确认基准。以现金收支为基础记载收益、费用时，收入全部都是收益，支出全部都算成费用，本期和本期以外的期间完全不存在识别的必要性。"从收付实现制向权责发生制演变"这种确认基准发展的历史性认识，只不过是在历史研究还未得以充分完善的阶段，仅靠拍脑袋想出来的不切实际的理论。

当然，即使现在已了解这是个违背历史事实的理论，但在当初的那个时代里，这种理论也是发挥了相应的历史性作用。正因为有了这种理论，才能在验证该理论的过程中，看清以往定论的矛盾之处，才可以重新构建起正确的理论。所谓历史，总是如此反复。

所谓确认（识别）基准，是指将现实中产生的收益、费用划分为本期收

---

① Alvaro [1974], pp.405-406, 泉谷[1980]113、193页。

益费用和下期之后（或前期）收益费用的基准。为此，这个基准必然要以期间损益计算为前提。换句话说，遵照权责发生制进行的损益计算，不论是先驱性期间损益计算还是年度期间损益计算，都是在期间损益计算出现的同时诞生的。也就是说，权责发生制在佛罗伦萨是和复式簿记诞生的同时登上历史舞台的。然而，在相同时期威尼斯商人们采用的，隶属于整体损益计算的分账户损益计算，完全没有产生确认问题的可能性。

如何理解分期付款基准中的回收基准

那么，如果本着严谨的态度，认为收付实现制不是确认基准，就需要预先整理思路，搞清楚在今天的簿记教科书中说明的，分期付款销售所伴随的现金回收基准是什么。

由于在分期付款交易中的回收基准，是在有现金收入时才首次作为收益计入账簿的，因而算是按照收付实现制来确认收益的。可是，分期付款基准这种会计处理法登上历史舞台，是进入 18 世纪之后的事情。权责发生制并非是从收付实现制转变而来的。历史上事物的转变经过，一般来说，并不是由单纯的事物向复杂的事物转变，而是由复杂的事物向单纯的事物转变。在第五章叙述的复式簿记和单式簿记的关系也如出一辙。

收付实现制基准在 18 世纪后半叶的法国登场

销售额计入账簿不是在商品的赊销时，而是在现金回收时的一种想法，是为了向低收入阶层进行高额商品的促销而设计出来的手段。也就是说，作为针对难以一次性付清的低收入阶层进行促销的方法，分期付款的销售方式才横空出世。

作为面向低收入阶层的销售方式，当然资金回收所伴随的风险也高，为避免无法回收的风险，现金回收基准应运而生。由于分期付款销售这种新的销售形态是作为促销的方法策略而登场的，作为与之对应的处理法,从避免销售货款回收风险的角度出发,销售者随后想出了在现金回收时才计入收益的处理方法,这就是收付实现制基准。

在这种思路下,1760年前后法国的杜菲耶商会在销售高级家具时,设计出了在分期付款销售的现金回收时才计入收益的会计处理法。之后时光荏苒、斗转星移,进入20世纪20年代,在美国销售以汽车为主的耐用消费品时,分期付款销售已得到广泛普及[①]。可以说为了回避依据权责发生制记账所产生的确认基准的原有风险,收付实现制的基准则被当成权责发生制的补充方法。可以说,在和现金流量表出现的相似思路下产生的是收付实现制的确认基准。收付实现制绝不是历史上先于权责发生制出现的处理基准。

现金收支计算伴随着货币的出现

本来以现金收支记录为基础的差额计算与通过复式簿记计算损益是不同坐标的计算。它随着货币的出现而产生,因此是复式簿记产生之前就存在的计算手段。从这个意义上讲,以现金收支为基础的余额计算先于基于权责发生制的损益计算。说到底,这是按现金收支的余额计算,绝不是以收付实现制为标准。

在日本,奈良时代(710—784)的木简中也有关于粮食和药品的账单以及支付工资的出纳记录。但并不等于在日本,复式簿记8世纪就已诞生。记录在木简上的交易并不是复式簿记中用于计算损益的收益、费用的对应计算,而是单纯的现金收支记录。因此,这种意义上的收付实现制基准绝不是复式簿记中收益、费用的确认基准。

基于个人意见的复式簿记的生成因素

复式簿记诞生以前的现金收支记录果真可以称为簿记或单式簿记

---

① 社会科学大辞典编辑委员会[1971]337页。

吗？如果不这样，该怎么称呼呢？关于这一点会在第五章中详述。一般来说，这样的现金收支记录被称为单式簿记。但是，笔者认为复式簿记的本质在于资本计算，换言之就是损益计算。记录交易并根据其记录计算利润，这就是复式簿记。

因此，复式簿记产生的直接原因在于每日的交易记录和损益计算。即复式簿记的生成主要因素可以举出以下三个：信用交易的出现、合伙企业的出现以及由于其出现使损益计算成为可能的作为记录手段的算术（代数）。杜·鲁瓦认为复式簿记的生成主要原因是第三种代理人"业务"[①]，换句话说，就是报告功能，即将通过复式簿记计算的损益报告给资本委托者（19世纪的股东），笔者认为，与其说这是复式簿记的生成因素，不如将其定位为会计的生成因素更为妥当。

如图2-1所示，复式簿记的重点在于记录，会计的重点在于报告。将这两者联系起来的就是损益计算。从这个意义上讲，产生损益计算的最重要因素是合伙企业。如果没有合伙企业的出现，也就没有会计及支撑其计算系统的复式簿记的诞生。

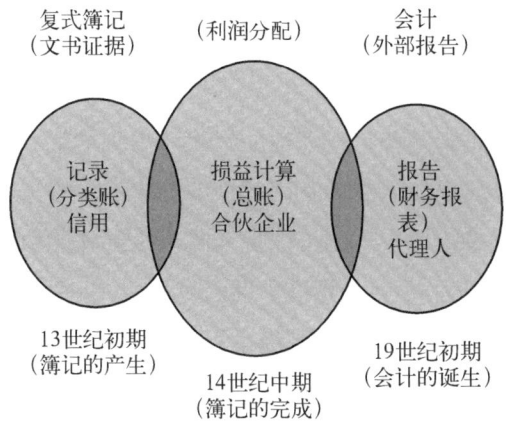

图2-1 复式簿记与会计的本质和两者之间的关系

---

① Roover [1956], pp.115-117.

确认基准的诞生

以权责发生制为基础的收益、费用的确认基准,随着信用交易的出现,与复式簿记的产生同时诞生。具体来说,这一确认基准是随着以佛罗伦萨的期间合伙企业为中心的先驱性期间损益计算(非定期性期间损益计算)的产生而出现的。在先驱性期间损益计算的基础上,虽然不一定是定期的,但由于是按划分期间来计算损益,因此需要区分当期的期间收益、费用和当期以外的期间收益、费用。

佛罗伦萨的期间合伙企业在其成立之初,就通过权责发生制而不是收付实现制来确认收益和费用。不过,即便是在同一时代,以威尼斯为中心的商人们是根据所谓的基于分账户损益计算的损益计算制度,来计算各批货物损益的。由于不是划分期间的损益计算,必然是整体损益计算,收益、费用的期间分配则不必计算,因此也不需要确认(识别)的基准。这就是历史事实。

第五节　收付实现制的分期付款回收基准

收付实现制是权责发生制的补充

权责发生制是指随着复式簿记的产生而出现的收益、费用的确认基准。为了弥补以权责发生制为基础的损益计算的不足之处,后来出现的会计处理标准就是收付实现制。把现金收入全部作为收益,把现金支出全部作为费用的想法,不存在识别当期的收益、费用和下期以后(或前期)的收益、费用的必要。因此确认基准是不需要的。再次强调,严格意义上讲,现实中不存在收付实现制早于权责发生制的确认基准,它只不过是处理现金的基准而已。

重视现金流,以现金为基础,检查企业损益内容的想法,从历史上看,是进入19世纪以来,在法国和美国作为分期付款回收标准,伴随奢侈品促销的风险对冲方法而登场的。作为分期付款回收基准的现金回收基准由于是将回收的现金计入当期收益，将未回收的现金从当期收益中除去的会计处理，所以可以将其作为确认标准。这与单纯地把现金收支看作收益费用的想法是根本不同的。分期付款销售中的现金回收基准，从权责发生制会计基础上审查利润质量或者内容的方法来看，可视为当今现金流量表的延伸。

以前对会计的确认从"收付实现制发展到权责发生制"的解释，从史实来看显然是错误的。

现金流量计算是回收基准的延伸

如上所述，会计自支撑其计算系统的复式簿记诞生以来，一直基于权责发生制确认收益和费用。在产生之初，其并不一定是以日常交易的持续记录为基础计算变动差额，而是根据资产的实地盘存做两者的增减比较计算。基于合伙成员相互之间利润分配的需要，计算企业总体期间损益。

虽然在产生初期，持续记录的复式簿记无法正确计算企业整体的总损益，但后来证明了根据实地盘存求出的总损益的正确性，并根据以复式簿记为基础的持续记录，进行了合伙成员间的利润分配。即使在复式簿记诞生之初，也绝不是通过所谓的收付实现制来确认收益和费用的。即使在还不能通过持续记录来计算合伙企业的总损益的时代，收益、费用也已经通过权责发生制来确认了。

收付实现制在后世是为了弥补权责发生制带来的损益计算缺陷而出现的。分期付款销售的现金回收基准是将收益计入收付实现制的例外处理法。以现金为基准重新考虑会计利润的现金流量计算，可以看作是在这延伸线上的一种思考方式，绝不是在权责发生制出现之前就存在收付实现制确认收益、费用的基准。

SFAC 第 5 号的说明

根据收付实现制,现金支出＝费用,现金收入＝收益,因此原本用于期间的确认基准就不需要了。在《有关财务会计概念的步骤》(SFAC)第 5 号中,作了如下说明:"现金流量表是在所有的现金收支发生时才被确认的,因此与确认问题几乎无关。对于现金流的报告,……既没有预算,也没有分配,也没有任何判断。"[①]

以当今的期间损益计算为前提的损益计算制度下的确认基准,就收益、费用而言,是用于对当期的收益、费用与下期或前期的收益、费用进行确认的基准。因此,如果以现金收支作为收益、费用的话,本来就不会产生关于确认(识别)的问题。另外,即使在按分账户计算损益的情况下,赊销和赊购早已存在,即使没有现金收入和现金支出,也将其作为收益和费用进行会计处理。恰好可以说,这不是通过收付实现制,而是权责发生制来确认的。

产生复式簿记的主要原因之一是信用交易,从现存的法洛路飞商会的账簿(1299—1300)中有预付房租的记录来判断的话,不难看出,复式簿记从一诞生,就是通过权责发生制来确认收益、费用的,绝不是从收付实现制发展到权责发生制。相反,为了弥补权责发生制的缺陷,后来才发明了收付实现制,这是历史事实。通常所说的收付实现制,只是单纯地把现金收入看作收益,把支出看作费用的想法而已,绝对不是确认(识别)的基准。

---

① FASB [1984],"Recognition and Mesurement in Financial Statements of Business Enterprisesw", No.5. Par.54,平松·广濑共译[1994]236 页。

第三章

资产与负债的计量基准：

从历史成本到市价的错误

第一节　公认说法中计量基准的演变

第二节　最古老的账目记录已记载市价评估

第三节　13、14 世纪的一般评估基准

第四节　17、18 世纪的市价评估

第五节　会计诞生之初是混合计量评估

第一节　公认说法中计量基准的演变

价格计算和价值计算的区别

会计是确认经济现象,计量企业利益,并将其结果报告给利害关系人的一系列过程。与此相对,支撑会计利润计算系统的簿记是记录每天的交易,由此计算企业利润的一系列过程。如果这样规定,为了企业利益的计算,簿记的重点在于记录,会计的重点在于簿记中计算出的利润的报告。可以说两者的作用不同。

笔者认为,报告的作用不在于簿记,而在于会计。因此,簿记被定位为记录交易,并根据记录计算利润的技法。具体地支撑这种技法的是算术(代数)。通过簿记计算出的企业利润并向利害关系人报告的过程就是会计。

近年来,这种报告功能受到格外重视,认为提供对决策有用的信息是会计的主要作用的观点占主导地位。当然,这里所说的信息的实质是企业利益。问题是这个企业利益的实质是什么利益。简单地说,是纯利润还是综合收益。

会计学和经济学

今天会计的主要作用不再像过去那样,以计算企业已实现利润为中心,而是转变为对利益相关者特别是股东提供有用的信息。对他们来说有用的信息并不在于这一年来获得了多少利润,而是更关心将来会带来多少现金流,现在的企业价值是多少。

其结果,向利益相关者报告的利润从至今的当期净利润(实现利润)向包含未实现利润的综合收益(comprehensive income)转变。即从过去计算向未来计算转变,从价格计算向价值计算转变。但是,企业利益的计算是会计学世界的事(价格计算),绝不是经济学世界的事(价值计算)。以现实为基础的会计学以"卖了多少钱"为基本,这与仅仅包含"看起来有价值"的期望值经济学(金融论)世界不同。不能混淆两者①。

市场价值和折现值

会计上的确认问题对于企业利润的计量至关重要,该计量标准包括历史成本和市价。今天,市价包括履行价值和使用价值,一般被称为公允价值(fair value),分为市场价值和折现值两种。市价当然是指在市场上交易的价格,包括出售市价和重置成本两种,最近被称为脱手价值(价格)、入账价值(价格)。

另一种折现值是指,由于没有在市场上交易,商品以及各种资产还没有价格,预测这个商品将来会给企业带来多少现金流,把那个价格用将来预测的利率等折现后换算成现在价值的价格。也就是说,其是根据该资产所具有的"发生可能性高的、将来的经济利益"推算出的估算额。

会计持续了 800 年的理由

根据这样的预测值的平方计算出来的就是折现值。财务会计果真是一个预测计算的世界吗?用基于过去事实的可信赖的数值计算利润才是会计学。正因为是以事实为基础、客观的、随时可以验证、受人信赖的损益计算,会计才传承了 800 多年。在这里,在计量利润时,导入了不以事实为担保的折现值的预测计算。这就是最大的问题。关于这一点,稍后会详细叙述②。现在,让我们回顾一下会计走过的 800 年的悠久历史。

笔者认为,以往的解释一般认为该计量标准是从历史成本转变为市价的。历史成本(原始成本)在英语中被称为"historical cost"。直译过来

---

① 关于经济学和会计学的不同所产生的问题,参见渡边[2014]56 页,68 页,278—279 页。
② 关于这一点,请参照渡边[2014]第 11 章和第 12 章。

就是历史成本。如果按照英语的说法，那么历史成本正是自古以来用于计量的历史价格。或许因此形成了旧价格的印象。然而现实是，复式簿记在其产生之初，就根据当时的市场价格来计量交易。现在称为历史成本的价格，在交易时正是当时的市场价格。会计在其生成之初，就按照历史成本的计量和市价的计量两种标准进行了评估。可以说其生来就是混合计量会计。

历史成本是历史吗？

与历史成本相比，市价一般被称为折现值（present value）或现行成本（current cost），给人一种正是现在的价值，乃至现在的价格的强烈印象。因此，形成了历史成本是旧的计量手段，市价是一种新的计量手段的印象，计量标准是不是产生了从"historical cost"（旧评估标准＝历史成本）发展到"present value"（新评估标准＝市价）的错觉呢？但仔细一想，历史成本在购入时指的是当时的市场价值，即市价。因此，历史成本和现价可以定位为同质的。两者的不同，只是由于时间轴的偏差而产生的，本质上是相同的。

历史成本是最近才开始被称为"historical cost"的，在18世纪左右的英国簿记中，将历史成本称为最初成本（first cost）或主要成本（prime cost）的做法反而很普遍。

市价评估从复式簿记的诞生之初开始

但是，正如今后我们将会进一步观察到的那样，抛开折现值评估不谈，根据市价进行计量是最近才出现的现象，这种解释只不过是一种幻想。根据市价的计量从复式簿记诞生之初就已开始进行。毋宁说，佛罗伦萨的商人们还处于无法通过持续记录（复式簿记）来计算企业总损益的阶段，即在复式簿记完成以前，已对基于实地盘存的资产按市价进行评估，与期初的净资产进行比较，得出利润。从这一意义上说，也可以说基于市价的计量早于历史成本。但是,在复式簿记完成的 14 世纪初期以后,根据历史成本和市价的计量同时进行。会计在其诞生之初,就是历史成本和市价并存的会计(混合计量会计),这是历史事实。

第二节　最古老的账目记录已记载市价评估

写在羊皮纸上的最古老的账目记录

　　有关会计的现存最古老的账目记录是 1211 年佛罗伦萨的一位银行家在博洛尼亚的圣·布洛科里定期市场记录的两张总账。这一最古老的账目记录目前被归为"Codice, Laurenziano Aedil 67"保存在佛罗伦萨的美第奇·洛伦佐图书馆(Biblioteca Medici Laurenziano)中。

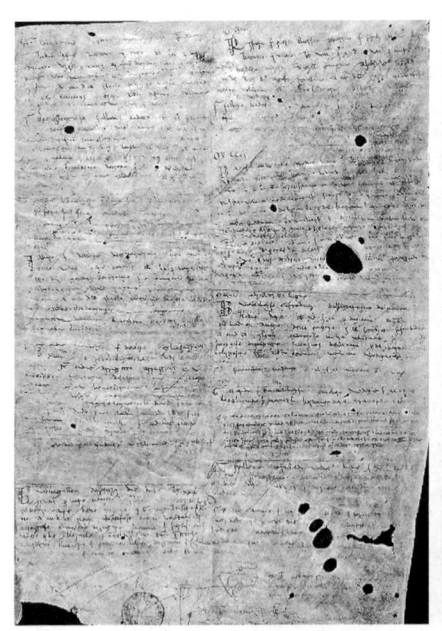 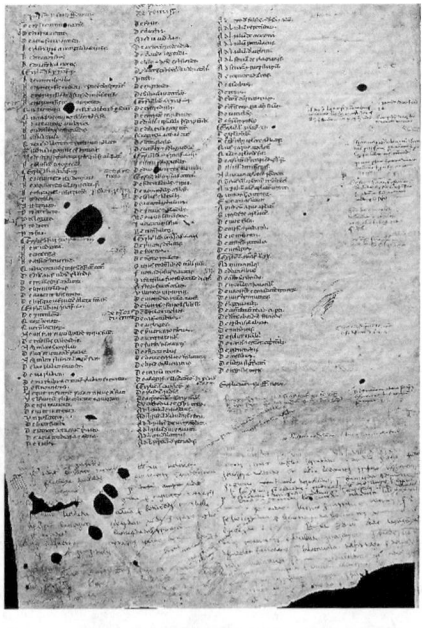

图 3-1　现存最古老的账目记录　　　图 3-2　现存最古老的账目记录
　　　　(1211)的第 1 张表页　　　　　　　　　(1211)的第 1 张背页

这两张正反面合计 4 页的交易记录均写在羊皮纸上,尺寸为长 43 厘米、宽 28 厘米,大致是 A3 纸的大小。这 4 页交易记录是 15 世纪编纂的,作为新罗马法典封皮所使用时被语言学家皮埃特罗·桑蒂尼发现并公开。由于羊皮纸很结实,其被认为最适于做书皮。这份交易记录按客户进行了分类。文字的最大特点是用一般人也能理解的中世纪意大利语,而不是用在当时官方文书中常见的拉丁语书写的。

这两张 4 页的账目记录可以看作是当时记账账簿的一小部分,除此之外的会计记录,很遗憾没有留存下来。因此,无法根据与此对应的分类账和日记账详细掌握账目记录的内容。该文件记录了 1211 年 6 月 20 日的交易,年号、债主的姓名、金额、贷款条件等以日常的定型文形式写成。

向神发誓账簿的正确性

第 1 页的最初记账,和残存的 13、14 世纪的大部分账簿一样,开头用罗马数字(mccxi)标明年号 1211 年,之后与十字架一起写上"以上帝之名,阿门"(In Nome di Dio, Amen=In the Name of God, Amen)。如上所述,据推测,在发生纠纷的时候,该账簿是为了代替公证书作为凭证提交给法院而记录的。

由此可见,对于账簿记录来说,最重要的是基于交易事实的正确性和基于凭据的可验证性所保证的可靠性。从账簿的可靠性被广泛认可的 16 世纪后半期开始,十字架和向神发誓的语句逐渐从账簿中消失。因为他们知道,即使不向神发誓,账簿的记录也会被充分信赖。15 世纪末,文艺复兴即将结束的时候,人们从神那里解放了出来,可以说是成了真正的自由人。

借贷不是左右对称型,是上下连续型

这个最古老的现存账簿的片断,是总账的账目记录。今天的账目形式是将交易中的借方和贷方被分为左右来记账,通常是借方记录在左侧、贷方记录在右侧的左右对称形式,而在这个账簿中,借方和贷方是上下连续式的。复式簿记的产生之初,可以发现很多簿记中的借方和贷方是上下连续式的。

和人类诞生的历史一样,复式簿记的诞生,根据理解其本质的不同,产生的时期也会变得不同。如果把复式簿记诞生的必要条件单纯地放在借方和贷方的双重分类上,那么复式簿记的诞生就是在13世纪初。但是,如果要求复式簿记的本质是账簿的左右对称性,那么其诞生时期就会再晚一些。另外,如果复式簿记的本质不是单纯地要求是双重分类记账,而是要求履行损益计算(资本计算)功能,那么它的诞生时代将进一步延后,直至14世纪上半叶。因此,在考虑某一特定事物或现象的产生时期时,关键在于如何界定其本质。根据本质界定的不同,其生成和完成的时期也不同。

附带说明一下,1211年的账目记录中货币的种类不仅有佛罗伦萨货币,还有博洛尼亚、比萨、维罗纳货币的记录。关于货币的换算和度量衡的问题,对于当时的商人来说,是极其重要的,是开展实际业务的迫切课题。在当时的数学书中,关于度量衡和汇率的换算比例的叙述多见于此。另外,在颁布利息禁止令的当时,经常利用汇率换算率的调整来掩饰征利和利息的支付。

最古老的账目记录内容

现存最古老的账目记录虽然只有两张4页的账目记录,但在这里已经发现了根据贷款债权的市价进行评估的事例。人们充分认识到借款方因破产等可能成为坏账的风险,因此设立了保证人。在现存的两页账目记录中,虽然无法确认坏账损失账目,但可以知道当时为了以防万一,设立了证人和担保人。由此推测,该账簿的记账者认识到有可能发生坏账,并计入了由此带来的损失。在那里,记载着这样的语句。

"以神的名义,阿门,圣·布洛科里。出生于桑塔·图里尼塔的奥朗迪诺·加里盖奥,对于我们在圣·布洛科里的定期市贷给他的博洛尼亚(货币),必须在5月中旬偿还26费奥利诺①(利布拉)。如果支付晚了,每1费奥利诺(利布拉)每月支付4迪纳尔的利息。如果他无法支付,博洛尼亚的制鞋商安吉奥里诺承诺支付。证人:阿瓦内杰·贝利亚卡兹亚商会。项目:他从加勒蒂的儿子迈凯雷那里收到43枚索尔迪②。我们将从斯基林郭勒·迈内蒂的账户上转记。"③

这个支付的延迟利息,1个月1费奥利诺(利布拉)4迪纳尔的利息,换算成年利率就是20%。但这是逾期时的追加利息,原本的借款利息竟然是年利率40%的高利④。

另外,为了防止出现无法偿还的情况,贷款方需确立担保人。这个立担保人的记录,自然说明当时商人们之间的借贷中发生了坏账的情况,很容易推测出当时已经开始计入坏账损失。坏账损失的计入,恰恰说明当时根据贷款债权的市价进行了评估。根据市价进行评估的实务在最古老的账目记录中已经发现,这表明从复式簿记诞生的时间点已经开始了。根据市价的评估绝不是根据历史成本的评估派生出来的评估法。

第三节　13、14世纪的一般评估基准

复式簿记的根本作用

诞生于13世纪初的复式簿记直到14世纪上半叶完善为止的100多年间,至今还留存着许多当时商人的账簿。不过,即便是同一时代,威尼

---

① fiorino,佛罗伦萨共和国时发行的金币。也称florin,livre等。——译者注
② solld,罗马帝国的货币。也称sol,solt。——译者注
③ Alvaro [1974], Part 1, p.329.
④ 渡边[2014]7,18—19页。

斯商人的账簿和佛罗伦萨商人的账簿也反映了由于当时两个城市国家政治体制的不同,损益计算制度存在很大差异。这一点已经在第一章详述过了。这里,我再简单地叙述一下本质上的差异,在残存的中世纪意大利商人的账簿中,是根据具体的记账内容来研究当时是根据什么样的评估标准来评估资产的。

复式簿记在13世纪初的意大利北方诸城市作为债权债务的备忘录出现在历史舞台上。诞生之初的复式簿记,集合损益账户还没有形成,或者即使形成了,也还没有达到计算企业整体损益的程度。因此,为了计算出企业的总损益,只能通过其他方法,而不是持续的账簿记录。即通过实地盘存对资产进行市价评估,制作被称为毕兰奇奥的财产一览表,以此为基础计算出期末的净资产,与期初的净资产进行比较,计算出本期的净利润[①]。被称为毕兰奇奥的财产一览表是由财产目录和利益处理计算书一起构成的财务表。

毕兰奇奥的特质

为了用持续记录所获得的利润来证明根据实地盘存制作而成的、毕兰奇奥中计算出来的利润而完善的就是复式簿记。当时的毕兰奇奥是以表3-1的形式制作的。

表3-1　达提尼商会亚维农分店第一期的毕兰奇奥

商品・备品	3 141	23	4	负债・资本	7 838	18	9
债　　权	6 518	23	4	赚取利润	1 822	3	11
合　　计	9 660	22	8	合　　计	9 660	22	8
				弗朗西斯卡:利润的1/2	911	2	
				托罗:利润的1/2	911	2	

注:参照泉谷胜美[1997],291页,由作者编辑完成。

---

① 关于这段时间的情况,请参照渡边[2008]40—42页。

但是，如果对用毕兰奇奥计算出的利润的可靠性产生疑义，就迫切需要用某种方法来证明由此计算出的利润的合理性。为了满足这样的要求，持续记录不再是过去单纯的债权债务备忘录，而是被用作计算企业整体损益的手段。至此，复式簿记才算完善。即复式簿记是将根据实地盘存计算出的毕兰奇奥上可分配的已实现利润作为持续记录，即通过集合损益账户进行证明的手段而生成的，时间就在14世纪上半叶。

也就是说，在试图用"物"的世界（现金、土地、建筑物等交易的具体事项）来证明"事"的世界（产生现金、土地和建筑物原因的抽象现象）的时候，复式簿记的出发点就在这里①。恰好历史雄辩地告诉我们，复式簿记的本质在于计算损益。

以下，我将阐述作为对损益计算重要的计量基准的市价评估是什么时候出现的，并且明确市价评估和历史成本评估，以及折现值评估的关系，并指出会计的计量基准最初是历史成本，后来发展为市价的这个公认说法的错误。

作为文书证据的记录

发生之初的复式簿记不是计算损益，而是作为债券债务备忘录或发生纠纷时的文书证据，即公证书的作用。人的记忆是有限的。因此，为了避免日后的纠纷而记录的就是复式簿记。万一有纠纷时，账簿会被提交到法院，用作凭证。复式簿记是为了将每天的交易记录下来作为任何人都可以验证的文书证据的一种技术。为了提高记账的证据性，也就是为了发挥与公证书相同的作用，直到16世纪末期的账簿开头都画着十字架，在那之后记有"以神之名，阿门"的文字记载。恐怕这就是"向神发誓绝对不会说谎"的证据吧。

---

① 请参照木村[1982]第1部"事的时间"。

历史成本与市价

作为文书证据记录的金额,不用说,必须是正确可靠的金额,即任何时候、任何人都可以立即验证的数字。为了得到所有人的信赖,首先要求金额要以事实为依据、准确客观、不带任何偏见,其次,要求该金额是随时、任何人都可以验证的现实性金额。这就是客观性和可验证性。只有这两个被保证了,才能保证可靠性。

为了得到所有人的信赖,前提是要以事实为基础,并且是保持透明性的可信赖金额。这个金额就是实际交易中进行的价格,即交易价格、历史成本(history cost)。因此,历史成本是指实际进行交易时的市场价格,以及准确无误的市价。很明显,历史成本和市价只不过是由于时间的偏差而产生的价格差异,本质上是相同的。复式簿记中的计量基准从其产生之初就是交易时的市场价格。显然,根据市价的计量绝对不是诞生于之后的时代。

利润计算的依据

支撑会计利润计算系统的复式簿记,自其产生以来,作为能够满足计算要求的计量手段,在现实交易时的价格,即历史成本中寻求其理论依据及立足基础。利用历史成本进行计量的最大优点在于,所计量的价格作为历史事实,任何人都可以随时验证该价格的客观性和事实性。这正是复式簿记存在的理由,也是使会计的可靠性得以稳固的最大因素。

从最古老的账目记录算起,经过了 800 多年的岁月,会计(也就是复式簿记)之所以从中世纪传承至今,不外乎就是因为它保证了事实性和可验证性印证的正确性和透明性,即可靠性[①]。

[①] 会计的可靠性的原点是,支撑其计算结构的复式簿记在中世纪意大利确立时,被作为通过连续记录来证明基于实地盘存的余额计算工具所使用。这种可靠性,中世纪英国的普通法(Common law)将其作为补充社会规范的衡平法(Equity)以及支撑其根基的信托法的思考方式也同时成了基础。(这一点请参考石川[2011]226—228 页,以及千叶[1991]21—23 页。)

前面反复说过,历史成本是指交易时点的市价(交易价格＝市场价格)。经过了时间的推移,该交易价格在结算时点变成表示过去价值的历史成本。即作为交易价格的市价和成本仅仅是由于时间轴的差异而产生的表象上的差异,市价在本质上可以定位为与历史成本相同[①]。那么,可以说复式簿记在其产生之初就是市价会计和历史成本会计并存(混合计量)的会计。绝不是说会计的计量基准是从历史成本发展到市价的。历史成本(history cost)和市价(present value)的英语给人一种以前的旧价格和现在的新价值的印象。但是,历史成本正是进行交易时的现行成本(current cost)。

复式簿记诞生之初的损益计算

13世纪初诞生的复式簿记,在其诞生之初,尚未形成集合损益账户,无法通过复式簿记的持续记录来计算企业的总损益[②]。因此,在佛罗伦萨的期间合伙企业中,为了向各合伙成员分配利润,只能采用持续记录以外的其他方法。这就是根据在实地盘存中计算出的财产的市价评估而制定的基于毕兰奇奥的损益计算。但是,由于负债不能通过实地盘存来计算,因此是根据持续的账簿记录来计算的。从这个意义上讲,也不是纯粹的实地盘存计算。

但是,仅从实地盘存结果的角度进行余额计算,就会对由此计算出的利润的可靠性产生疑义。比如"利润只有这些吗？我们的分红不是还有更多吗？"因此,会计负责人迫切需要用值得信赖的某种其他手段来验证在毕兰奇奥中获得的利润中没有错误或不正当行为。可靠的验证方法,就是通过以事实为基础的持续记录,即复式簿记计算损益。这样,13世纪初诞生的复式簿记,作为证明用毕兰奇奥计算出的利润正确性的手段,

---

[①] 渡边[2010]2—3页。
[②] 关于集合损益账目的形成过程,参见渡边[2005]47—48页。

最晚也大致在 14 世纪初作为具备损益计算功能的记录、计算系统而得以完善。

复式簿记的出发点是可靠性

以这种事实性和可验证性为基础的可靠性才是使复式簿记产生的实质性因素。即复式簿记的根本作用在于，基于实地盘存，将按市价计算的利润以正确的每日交易记录的交易价格（历史成本）进行验证。以交易事实为基础的、可靠的、客观的计量手段，谁都可以随时验证的客观的记录，即交易价格（历史成本）才是复式簿记乃至会计立足的基础。

但是，在复式簿记诞生之初，由于利润分配所必需的利润计算不能通过持续记录来计算，因此对实地盘存的财产进行市价评估，与当初的净资产额进行比较后计算利润。这一历史事实说明，在会计中总损益计算的出发点是市价。

复式簿记并不是从诞生之初就以历史成本进行评估的。记录每日交易时，以历史成本即交易价格（交易时点的市价）记录，但分配给合伙成员所需的利润，则制作成毕兰奇奥，根据财产的市价评估来计算。这正是基于历史成本和市价混合计量的并存会计。

用"事"的世界来验证"物"的世界

虽然有点跑题了，但复式簿记是通过将实地盘存（市价）计算出的利润通过集合损益账户（历史成本）进行验证而完成的。验证方和被验证方究竟哪一方的利润值得信赖？不用说，答案是验证方，即通过持续记录获得的利润。我们不能忘记这样一个事实：复式簿记的持续记录已经成为证明通过实地盘存可以确认实际存在利润的可靠手段。

复式簿记是从原因的角度来看抽象的损益计算，也就是从所谓的"事"的世界，从结果的角度看具体的余额计算。所谓的"物"的世界的手法，作为其中一个佐证，我们可以举出在 17 世纪初莱登出版的西蒙·斯蒂文(Simon Stevin,1548—1620)的《数学回忆录》。

斯蒂文的状态表和损益表

斯蒂文在总账各项账户结账时,制作了作为资产、负债、资本一览表的状态表(state),将由此计算出的期末资本与期初资本进行比较,计算出1年的利润。即从期末资本3 140里弗尔9索尔1但尼尔减去期初资本2 153里弗尔3索尔8但尼尔,计算出1年的净利润987里弗尔5索尔5但尼尔。为了证明从存量的角度计算出的期间利润,制作从流量的角度计算出的损益表,并根据在此计算出的利润来证明在状态表中计算出的利润的方法①。恰恰说明流量角度的利润计算,作为存量的角度的利润计算的证明表发挥作用。

另外,乍一看这两个表令人联想到资产负债表和损益表,虽然两者在功能和样式上不同,但却起到了工作底稿即决算运算表的作用②。

表3-2 状态表

1600年12月底做成的德里克·罗泽状态表

状态即资本借方		状态即资本贷方	
阿诺·杰克 fol.14	51.8.0	坚果 fol.7—数量173英镑	
余额	3 140.9.1	5盎司,单价7索尔 …………	60.13.2
合　　计	3 191.17.1	胡椒 fol.7—数量120英镑	
		单价40但尼尔 …………	20.0.0
		奥马尔·杜·斯韦阿尔特—fol.9	513.12.0
		阿德里安·杜·武仁达—fol.11	150.6.0
		彼得·杜·威特 fol.11	448.0.0
		杰克·杜·索默 fol.13	54.18.6
		现金 fol.19	1 944.7.5
		合　　计	3 191.17.1

Stevin [1605], Schvltbovck in Bovckhovding, p.35

---

① Stevin [1605], pp.34-36,岸[1975]138—140页。斯蒂文的状态表在借方显示负债和资本在贷方显示资产,显示借贷与通常的储存一览表相反。

② 参照渡边[1993]第3章。

表 3-3　损益表

损益借方			损益贷方	
商业经费	fol.16	57.7.0	丁香的利润 fol.5	75.4.7
家计费	fol.16	107.10.0	坚果的利润 fol.7	109.7.2
	合　计	164.17.0	胡椒的利润 fol.7	18.19.0
余额利润		987.5.5	生姜的利润 fol.9	41.8.4
	合　计	1 152.2.5	损益账户(借方 2 100L, 12L;贷方 3　4L3s4d. 15L,1000L)fol.19	907.3.4
			合　计	1 152.2.5

Stevin [1605], Schvltbovck in Bovckhovding, p.35

如上所述,以持续记录为基础的收益、费用变动差额计算所得出的利润用于证明作为余额计算结果的资产、负债、资本增减比较计算所得出的利润。因此,通过持续记录得出的利润必须保证具有任何人都可以验证的透明性和基于事实正确性的可靠性。

第四节　17、18 世纪的市价评估

17、18 世纪固定资产的市价评估

对于企业利润的计算,计量问题至关重要。正如已经明确的那样,对于会计传统上继承的基于历史成本的计量,以市价进行评估的实务是在复式簿记诞生的同时进行的。17 世纪后半叶到 18 世纪前半叶,在英国出版的许多簿记书中,虽然尚未使用公允价值(fair value)这一术语,但已经出现了很多以市价进行重新评估的记账实例[①]。

具体来说,固定资产的市价评估可以在 1675 年伦敦出版的史蒂芬·

[①] 当时的现价有 present value、present price、present market price、current value 等各种叫法。与此相对,历史成本一般被称为 first cost、prime cost 等,不像今天那样被称为 historical cost。

蒙蒂西的《简单的借方和贷方》一书中找到。他在决算时,将相当于船价值八分之一的自己的股份 250 英镑在期末按市价(present value)换算成了 225 英镑(表 3-4)[1]。这个评估损失,作为已实现损失在期末被转移到损益账户。在实行所得税的 18 世纪,由于固定资产总额还没有达到巨额,即使将评估损益作为已实现损益[2]来处理,也不会有太大的矛盾。这种结算时根据固定资产的市价进行的评估,是 17 世纪在英国普遍采用的处理方法。

表 3-4 邦纳德航行用船

			l.	*s.*	*d.*				*l.*	*s.*	*d.*
1675 4.10	资本金—总额的 8 分之 1	1	250	—	—	1675 11.25	彼得·比格—航海带来的利润中我分红 8 分之 1	21	75	—	—
11 2	现金—保险费和保险	19	7	11	6	1676 4.9	余额—我股份的价值	40	225	—	—
1676 4.9	损益-利润	39	42	8	6				300	—	—
			300	—	—						

Monteage [1683],fol.9

1731 年在伦敦出版的亚历山大·马尔科姆(Alexander Malcom)的簿记书《关于簿记或商人账目的论述》中,举出了建筑物账目的记账例,其中提到"一般优选以历史成本进行评价,但也可以选择以当时的另一个价值(another value from time to time)进行评价的'方法'。就像你们认为这些是真正的价值一样",同时说明了根据市价的评估方法[3]。有意思的是,他将市价称为"真正的价值"。

---

[1] Monteage [1675],"Here followeth the Balance of the whole Ledger A",fol.9.本书由于没有通栏,所以记述了项目的标题和分类符号。

[2] 资产在进行实际贩卖、结算时所产生的损失或收益。——译者注

[3] Malcolm [1731],p.90.

海斯的剩余商品的市价评估

不仅是固定资产,根据期末存货的市价进行的评估也可以在18世纪的英国簿记书中找到。比如1731年在伦敦出版的理查德·海斯的《现代簿记》与1741年同样在伦敦出版的同书的增订版《绅士的完整簿记》。

关于总账诸账的结账,海斯在其著作第7章到第12章共分六个章节进行了说明①。在其第8章"不关闭总账而截止账目的结账方法"中这样叙述,"那么,你们应该知道,总账中包含着各种各样的账户。并且,在结账的时候,使用着各种各样的种类和方法。首先,如果是商品账户,而且全部是销售剩余时,其销售剩余的所有商品的账面余额,用当前的市场价格(present market price),或者历史成本(historic cost)来进行评估。第二,当只售出了一部分商品时,其账面上的借方余额将未售出的剩余商品的价值按历史成本或当前市场价格中的任何一个来'评估'。注:商人们通常在关闭他们的账簿时,以当时可售出的市场价格来对手头的商品进行评估。但是,也有一些商人不这么做。"②

一般根据市价进行评估

由此可见,当时的商人们通常以能够出售期末存货的市场价格,即出售市价(脱手价格)来进行评估。但是,由于海斯的簿记书中没有具体的商品账户交易示例,因此无法确认如何处理由此产生的评估损失。1777年出版的罗伯特·汉密尔顿(1743—1829)的《商业入门》所提出的交易示例中,其评估差额作为实现损益,被转记到损益账户③。

不过,由于没有记入评估利润的事例,因此无法确认该处理是否也作为已实现损益而记入损益账户。在制定所得税法(1799)以前,即使将评

---

① Hayes [1739], pp.75-76. and [1741], pp.75-92.

② Hayes [1739], pp.78-79.关于这一点,请参照 Yamey, Edey and Thomson [1963], p.116,以及高寺[1999]95-97页。

③ Hamilton [1788], pp.430-431.

估利润作为已实现损益来处理,特别是在小规模企业中,也不会产生太大的影响。无论如何,根据海斯的说明,我们可以确认,18世纪的英国商人之间普遍以市场价格来对剩余商品进行评估。

评估损失作为已实现损失处理

当然,在巨大的近代股份公司登场之前,使用有用性或相关性(relevance)等术语、主张按市价进行重新评估的合理性的簿记书并没有出现,但把期末发生的评估损益作为已实现损益转记到集合损益账户的处理法已在簿记书上登场。而且不仅仅是通过簿记书进行说明,这种方法在当时的商人之间也广泛普及。

在17、18世纪的英国,决算时普遍采用按市价对资产进行评估的方法。其中的评估差额,直接转到损益账户,作为已实现损益来处理。而且由于以市价重新评估的资产金额以摊余方式计入决算余额,因此下期评估额的变动也将直接影响期间损益。

评估损失的定位

那么,蒙蒂西、海斯、汉密尔顿等,在历史成本会计理论的框架内如何理解根据自己提倡的市价进行重新评估的实务呢?或者只要理解就可以了吗?

如前所述,海斯只是说明了重新评估的具体处理步骤,并没有对市价评估本身进行特别的说明。笔者认为,他们可能并不认为基于市价的重新评估是计量手段的新范式转换,而仅仅认为是基于历史成本的计量修正。因此,由评估变更后而产生的损益[1],直接转入损益账户,作为已实现损益进行了处理。评估损益在利润中所占的比例并不是很大,在实施所得税法以前,即使将其作为已实现损益进行处理,也不会产生太大的矛盾。

---

[1] Hamilton [1788], pp.412–413.

蒙蒂西的评估损失处理

在 1676 年 4 月 9 日的账簿结账时,蒙蒂西在"格兰吉农场"(Grange Farm)账户的借方进行了重新评估,将 1675 年 4 月 10 日租赁的农场价格 300 英镑重新评估为市价 280 英镑,并举出了转记到决算余额账户的记账例子①。关于向这个决算余额账户转账的分录方法,如下所述:"(借方)余额(贷方)格兰吉农场(Grange Farm),对其目前的价值(present value)—L 280,注:资本的账上,该租赁'资产',被评估为 300 英镑,经过了 1 年的时间,现在它的价值减少了也是正常的。并且(由此产生的评估损失)与余额计算无关,只是单纯地减少了利润。"②在记账例中,市价(市场价值)的评估损失从该资产账户中直接扣除,同时将损失转到损益账户③,称固定资产的评估损益仅仅是减少了利润。

汉密尔顿的市价评估

蒙蒂西的近 100 年后,汉密尔顿提出,通常每年 1 次的结账时,"手头剩余的全部商品或其他资产(在期末)留存,在资产负债表中余额表(balance sheet)④的借方按市价(present value)记账。并且,如果该市价与历史成本不同,其差额将在损益账户的适当一侧记账。"⑤即不论是存货商品还是固定资产,资产都按市价进行评估,并说明了将其评估损益作为实现损益转记到损益账户的步骤⑥。

这一点与同时代代表英国的约翰·梅尔(John Mair,1702—1769)的《簿记法》(1736)和《现代簿记》(1773)有所不同。梅尔的簿记书当时主要

---

① Monteage [1675], Ledger A, fol.4.
② Monteage [1675], Here followeth the Ballance of the whole Ledger, the seventh page.
③ Monteage [1675], Ledger A, fol.12.
④ 汉密尔顿在总账结账之前,为了准确地履行账簿结账并计算利润概算,将资产、负债、资本余额转记到余额表,将费用、收益余额转记到损益表。这两个计算表虽然样式不同,但起到了今天的精算表的作用。关于这一点,请参照渡边[1993]第 3 章。
⑤ Hamilton [1788], p.285.
⑥ 关于汉密尔顿对剩余商品的评估,请参照渡边[2000]116—119 页。

用作学院的教科书,讲述了复式簿记的原理,而汉密尔顿的簿记书在第 4 部中说明了复式簿记的基本原理和分录处理的同时,第 5 部中还对能够直接适应当时实际业务的实用簿记进行了说明[①]。

根据市价对历史成本进行重新评估的会计处理,从复式簿记诞生之初就已开始进行,很显然,在 17、18 世纪的英国,当时的商人之间普遍流行。然而,进入 19 世纪后,新的固定资产费用分配法——折旧法登场了。作为固定资产的市价评估和费用分配法的折旧,其本质是完全不同的处理法。但是,如果用直线法处理折旧的话,多数情况下,随着时间的推移,固定资产的价值会有所折损。因此在实务上,两者的最终结果不会产生太大的差异。其结果是,除土地以外的固定资产历史成本与当前价值之间的差额得到了缩小,对固定资产进行评估的必要性变得不那么迫切。

第五节　会计诞生之初是混合计量评估

资产负债观和市价评估

今天会计中的利益观是资产负债(中心)观。如果深究这个想法,就会涉及损益表的无用论。当然,近来,在 IFRS 和 IASB 的概念框架等方面,也有相当多的人主张重复使用,因此不需要损益计算表的想法只是一时的,并不一定曾经占据过主导地位。

可以感觉到,在复式簿记尚未完成的时代,当时的商人们与持续记录无关,通过对实地盘存计算出的资产按市价进行评估而制成的毕兰奇奥计算可分配利润时的想法与以资产负债(中心)观为基础的利润计算的思考方式相同。在无法通过以事实为基础的持续记录来谋求企业利润的阶段,为了计算合伙成员相互之间可分配的总损益,只能通过实地盘存来进

---

① Hamilton [1788], pp.467-488.

行。现在看来，正是基于资产负债（中心）观点的利润计算。历史，会重演吗？复式簿记应该就是为了证明是基于这个净资产的差额计算求出利润而登场的吧。

如果只基于存量结果的损益计算是重要的，不需要基于流量的可验证的损益计算，那么复式簿记究竟是为了什么而诞生的呢？它诞生以后花了近百年才完善，经过800年的漫长岁月的进化，究竟是为了什么呢？我们不应只听命于国际化的潮流，而应重新认识这800年会计历史的分量。

会计作为证明手段诞生

正如曾多次指出的那样，13世纪初诞生、最迟在14世纪40年代完善的复式簿记，其主要功能是通过连续的记录来证明企业整体总损益，这也是复式簿记得以完善的主要原因，而企业整体的总损益是通过实地盘存来确定的。也就是说，为了通过流量的利润证明存量的利润而完善的就是复式簿记，也就是会计。

因此，会计的原点在于以正确性和可验证性为基础的可靠性，这才是支撑会计损益计算系统的复式簿记的出发点和落脚点。保证会计可靠性的正是以权责发生制为基础的基于历史成本的损益计算。正因为计算出的利润值得信赖，复式簿记才能够在长达800年的时间里支撑会计的利润计算系统。

历史成本评估的矛盾

但是，时间来到工业革命，从17世纪后期至18世纪上半叶，当持有资产的价格与取得时的价格之间产生很大的落差时，会计的根本作用——损益计算功能就会产生各种矛盾。由此产生了基于历史成本的计量能否进行正确的损益计算的疑问。为了解决这样的问题，应重新开始确认用折现值重新评估该资产的会计处理法。

另外，从 18 世纪后半期到 19 世纪初，诞生了许多规模巨大、现代化的股份公司，代替原来的合伙企业和许可制度而成立的股份公司。巨大股份公司的出现，会计主要目的由计算正确的、可验证的、可信赖的、可分配的、可实现的利润，转变成为了从普通股东手中筹集资金，将主要方向转变为提供对投资决策有用的信息。会计的目的转变了，这个现象可以说是权责发生制为基础的、基于历史成本的可分配现实利润计算向基于公允价值计量的企业价值计量的转变(图 3-3)。

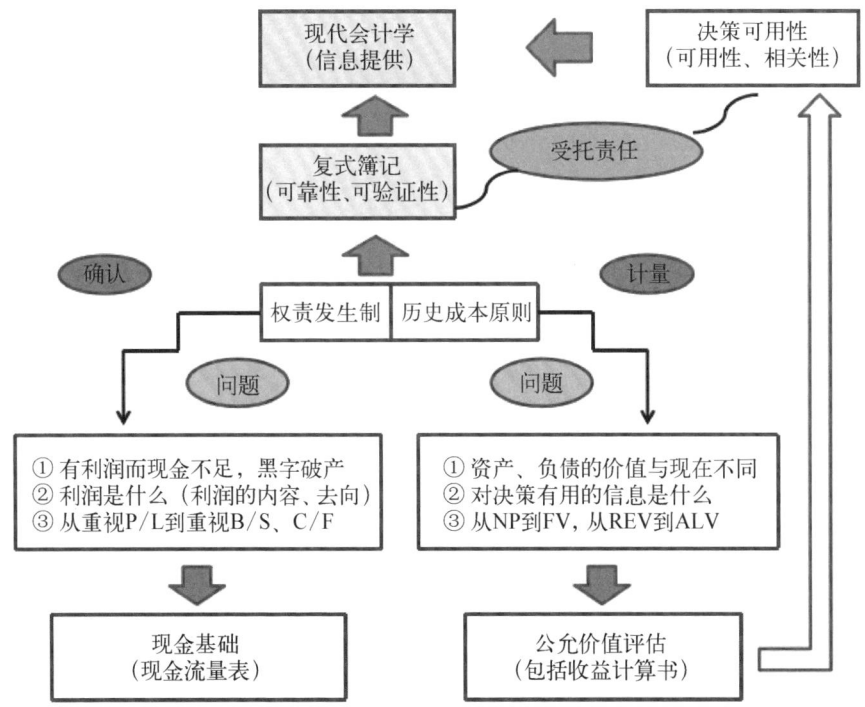

图 3-3　权责发生制会计与历史成本原则会计的破绽

第四章

决算法的演变：

从欧洲大陆模式决算法过渡到英美模式决算法的错误

第一节　决算手续的方法

第二节　欧洲大陆模式决算法和英美模式决算法的起源

第三节　英美模式决算法称呼的由来

第四节　翻译过程中引入了错误的称呼

第五节　英美模式决算法（简便法）从簿记产生之初即已开始

第一节　决算手续的方法

13世纪初期,作为文书证据而生成的复式簿记中潜在的损益计算功能显现出来是在14世纪中期。当时以佛罗伦萨为中心的期间合伙企业,从利润分配的现实必要性出发,最初是不定期的,之后人为地划分期间,以持续的记录为基础,采取了计算企业总体期间利润的方法。

决算的两种方法：欧洲大陆模式和英美模式

关于账簿的结账方法,即决算,历来有所谓的欧洲大陆模式决算法和英美模式决算法两种。但是,在日本有关簿记的大部分教科书中,并没有对它们的历史发展过程和称呼的由来等进行任何说明,只是说明了两者结账手续的不同。单从名称上判断,欧洲大陆模式决算法是以意大利、德国、荷兰以及法国等大陆国家为中心进行的结账方法;与此相对,英美模式决算法往往被认为是以英国和美国为中心进行的结账方法。果真如此吗[①]? 验证这一点是本章的目的。

本章介绍从这个术语的用法来看,至今似乎已经成为定论的决算法的发展,即对从欧洲大陆模式决算法发展到英美模式决算法的一般解释是否正确进行验证。同时,本章还会阐明这两种方法是何时、如何发展的,以及它们名称的由来和引入日本的过程。因此,笔者想澄清一般性的解释错误,即决算法是从欧洲大陆模式决算法发展到英美模式决算法的说法。

---

① 参照久野[1979]74页,久野[1985]234页等。

第二节 欧洲大陆模式决算法和英美模式决算法的起源

决算是决定企业期间损益的会计计算功能，其程序如同其在英语中被称为"closing"那样，以各账簿的结账日为中心进行。因此，为了确定企业损益而进行的决算，不论其做法如何，都是在复式簿记中损益计算功能明确发挥作用后的产物。决算必须和因为账簿填满了，要把以前的记录转到新账的手续（结算）区别开来。

虽然在生成初期并没有这样的叫法，但所谓的欧洲大陆模式决算法和英美模式决算法的出现，是在通过复式簿记能够计算损益的14世纪上半期以后。总的来说，这两种方法恐怕从一开始就没有孰先孰后之分，几乎是同时在当时的商人之间广泛推行的。

欧洲大陆模式决算法的结账方法

在所谓欧洲大陆模式决算法的基础上，众所周知，在总账各类账户的结账日，首先将与收益、费用相关的各类账户转为集合损益账户，然后将计算出的净损益转为资本金。之后，新设决算余额账户，有关资产、负债、资本的各类账户全部转到决算余额账户，余额账户的借方和贷方的合计金额就会自动平衡。而且一般来说，这些决算时的转账手续都是经过分类进行的，因此，所有的决算转账手续都是通过分类账进行的。

但是，即使是以所谓的欧洲大陆模式决算法为基础的决算方法，总决算转账分类也不一定总是通过分类账进行。例如，各资产、负债账户转记到决算余额账户被单独记账时，由于可以通过决算余额来了解其详细内容，因此在18世纪英国簿记书中的记账示例中可以找到很多省略决算分录的方法。

另外，今天的说法是，为了在下期初将有关资产、负债、资本的各账户从旧账转到新账,与决算余额账户分开设置了起始余额账户,在当时,两者并不一定都在总账内。经常可以找到只设置了决算余额账户而看不到起始余额账户的例子,与其相反的例子也随处可见。

欧洲大陆模式的初期事例

不仅仅是为了账簿的结账日,为了决算目的而设立了余额账户的代表性例子有威尼斯的安德烈亚·巴尔巴里戈的第一总账(1430—1440)和第二总账(1440—1449)等。

安德烈亚·巴尔巴里戈商会的会计账簿中,分类账 A(1430/1/2—1440/8/31)和与其对应的总账 A、分类账 B(1440/9/1—1449/10/18)和与其对应的总账 B 的两组主要账簿现存于威尼斯古文献记录保管书上。巴尔巴里戈的账簿受到重视的主要原因有三点:(1)第 5 分类账和总账使用阿拉伯数字;(2)分类账残存着;(3)账簿以左右对称方式记账。

在总账中,设有与债权债务有关的人名账户、作为物资账户的按货物分类的商品账户、现金账户等,以及作为名目账户的收款手续费账户、经费账户和损益账户等。账簿的结账日,在设置决算余额账户的同时,在开始计入时设定开始余额账户,按照今天我们通常所说的欧洲大陆模式决算法,关闭总账的各项账户[①]。

英美模式决算法的结账方法

与此相对,在所谓英美模式决算法的基础上,不设决算余额账户,以损益账户计算出的净损益转为资本金账户后,与其他诸资产及诸负债有关的总账,不经由决算余额账,直接转到新总账。因此,在决算时,不设置决算余额账户,也不进行将与资产、负债、资本相关的各账录余额转记时所需的决算转账分录。转到新账的各项资产和负债,不进行决算转账分

---

① 泉谷[1983]179 页。

录,直接转到新总账。

为了验证向新总账的转账是否正确,最后制作结转估算表(决算后的估算表,结账后的估算表)。说句题外话,所谓英美模式决算法,虽被称为简便法,但如果不制作结转估算表就无法验证决算转账方法的正确与否,那么也未必能比所谓的欧洲大陆模式决算方法简便。

泽诺瓦市政厅,圣乔治银行,卢卡·帕乔利用的是英美模式决算法

另一方面,不设置决算余额账户,直接转入新账的所谓英美模式决算,在泽诺瓦市政厅的会计账簿(1340)和圣乔治银行(Banco di San Giorgio)的会计账簿(1408),或者世界最初的簿记书卢卡·帕乔利(1445—1517)的《数学大全》中已经可以找到。

圣乔治银行的会计账簿有718页,规模庞大,第1总账包括存款人的人名账户、现金账户、财务官账户、圣乔治家族的私人账户、收益和费用账户及损益账户,第2总账只由债权人的定期存款账户组成[①]。记账和结账方法与泽诺瓦市政厅的账簿在本质上没有什么不同[②]。即在账簿结账日,采用了不设余额账户直接转入新账簿的方法,就是所谓的英美模式决算法。

作为设置余额账户还是不设置余额账户并非显而易见的例子,有佛罗伦萨的法罗路飞商会的会计账簿(1299—1300)、佩尔奇商会的会计账簿(1292—1293)、戴尔·贝尼商会的会计账簿(1318—1324)等。这些账簿设有余额账户,这些余额账户大部分是出资人的人名账户,因此要明确区分是资本账户还是余额账户并不容易[③]。因此,从严格意义上讲,他们

[①] Alvaro [1974], pp.739-740. De Roover [1956], p.135.

[②] Alvaro [1974], p.746.

[③] 泉谷[1980]154—159页。戴尔·贝尼商会的 P 账簿原本被称为"瓦尔迪尼的布匹账"(quaderno dei panni de Bardi),后来被称为 P 账,用于亚麻、葡萄酒的买卖记录。黑账,原则上是债权债务前后分离方式,部分是借贷前后分离方式记账的一般总账(泉谷[1980]219—220页)。

第四章 决算法的演变：从欧洲大陆模式决算法过渡到英美模式决算法的错误　73

的决算方法很难明确规定是欧洲大陆模式决算法还是英美模式决算法。

《数学大全》中英美模式决算法的说明

时代变迁，卢卡·帕乔利关于总账的结账和平均在《数学大全》第 27 章"损失及利益账户"、第 28 章"总账户的结转方法"、第 32 章"总账户的平均"及第 34 章"总账户的结账。借方及贷方的总计"中有详细叙述。在此，与收益、费用相关的各类账户被转到设置在总账最后的损益账户，其余额即企业损益被转到资本金账户。接着，书中说明了现金、债权等与资产、负债、资本相关的各种账户，不用记账到分类账上，而是直接从旧账转到新账的处理法。虽然没有使用名称，但卢卡·帕乔利说明的正是今天所谓的英美模式决算法的结账方法。

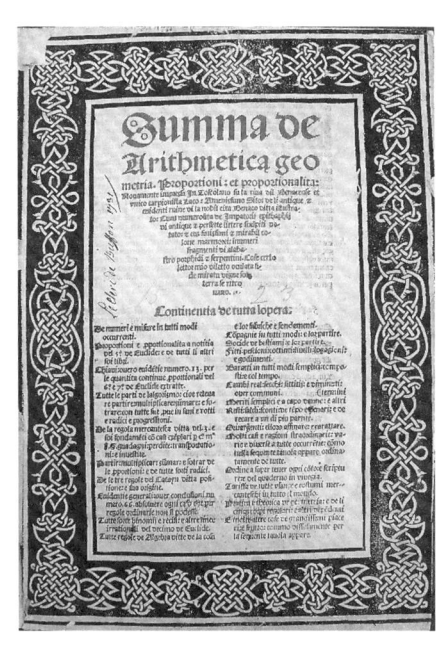

图 4-1　《数学大全》(1494)标题页

欧洲大陆模式决算法和英美模式决算法同时实施

像这样所谓的欧洲大陆模式决算法和英美模式决算法，无所谓孰先孰后，而都是最晚在 14 世纪前半叶生成。在其初期，对于并非实际交易的转账交易等，即使是采用所谓欧洲大陆模式决算法的情况下，也一般不经过分类账。然而，到了 16 世纪，一种为决算而区别转账交易的方法①逐渐形成。

---

① 木村，小岛共著[1983]178 页。

1558 年在威尼斯出版的卡萨诺瓦的《最简明的指南》中,在关闭总账时,设置了决算余额账户及封闭余额账户,以至于全部的转账交易被分录出来①。此后,在几乎所有的簿记书中,以所谓欧洲大陆模式决算法为基础的说明占主导地位。即使在 18 世纪的英国,梅耶(1702 or 3—1769)的《企业性簿记》(1736)、《现代簿记》(1773)或者汉密尔顿(1743—1829)的《商业入门》等,大部分簿记书中说明的总账结账方法一般都根据所谓的欧洲大陆模式决算法来说明结账方法。作为简化法(the abbreviated method)的英美模式决算法在 15 世纪之后重新登场并得以广泛使用,少数例外是在 19 世纪后半期。

第三节　英美模式决算法称呼的由来

日本簿记书的决算法的说明

如上所述,日本一般所说的欧洲大陆模式决算法和英美模式决算法,除了这些名称本身的使用以外,从复式簿记生成之初开始,无所谓孰先孰后,而是都一直被广泛地使用。那么,这样的名称是从什么时候开始使用的呢?

日本所说的相当于欧洲大陆模式决算法和英美模式决算法的用语,是明治 26 年(1893)在伦敦出版的迪克西(1864—1932)的《会计师志愿者用簿记》和明治 28 年(1895)在哈德斯菲尔德出版的菲尔德豪斯的《学生用完全商业簿记》②中解释的"欧洲大陆模式","英国模式"是其初期的事

---

① 请参照 Peragallo [1938],p.69.岸[1983]218—235 页。
② 著者手头的菲尔德豪斯的著作是第 11 版,出版年份是 1907 年。其中写道:"On the Continent the use of the 'Journal'(in which every entry must be made before posting to the Ledger, this being known as the Continental System) is made compulsory, under heavy penalties for noncompliance; and in our own country bank-rupts are liable to punishment for failing to keep a sufficient record of their business transactions,"Fieldhouse [1907], p.5).另外,英国模式的说明可以在正文第 79 页"实用簿记"(Practical Book-Keeping)中看到。

第四章 决算法的演变：从欧洲大陆模式决算法过渡到英美模式决算法的错误　75

例。不过这两者所说的欧洲大陆模式、英国模式并不是决算结账方法，而是作为账簿系统的不同来加以说明的。

迪克西的说明

迪克西在《会计师志愿者用簿记》第Ⅰ部第Ⅴ章的"'大陆'法"中阐述了各国账簿系统的差异，接着在第Ⅵ章的"以'大陆'法为基础的总账结账"中，使用了"The Continental System"这个术语，关于意大利、荷兰、德国、法国等大陆各国一般采用的账簿系统中的决算结账方法，如下所述，给出了相当详细的说明。当然，在此对比中，使用了"The English System"这一术语，详细说明了在英国使用的账簿系统中的结账方法。

在第Ⅴ章的开头，迪克西说，在大陆上普遍使用的账簿企业与在英格兰地区使用的方法有所不同，理论上欧洲大陆模式比英国模式更完善。他还说，对学生来说，理解前者将有助于清楚地理解这个国家常用的"简化法"(the abbreviated method)，即英国模式[1]。迪克西认为，欧洲大陆模式和英国模式的主要区别在于，前者的所有交易是通过分类账进行的，这与我们在教科书中看到的一样[2]。

他还说，这不是决算，而是账簿系统的不同，欧洲大陆模式和英国模式在分类账的形式上有以下几点不同。也就是说，欧洲大陆模式的分类账：(1) 左端的摘要栏外记录借方的总账页数；(2) 日期记录在摘要栏；(3) 右侧的摘要栏外的总账页数栏中只记录贷方的总账页数；(4) 借方和贷方的分录项目如果是一个一个分开的情况下，金额在最左边的贷方金额栏中只记录一次[3]。而英国模式：(1) 在最左边的摘要栏外，记录交易号码和日期；(2) 在摘要栏中，只有分录不使用各项科目，分别记账；(3) 右侧的摘要栏外的总账页数栏中，记录着借方和贷方双方的总账页

---

[1] Dicksee [1913], p.45.
[2] Dicksee [1913], p.54.
[3] Dicksee [1913], p.46.

数;(4)金额记录着借方和贷方双方相同的金额①,明确了欧洲大陆模式和英国模式的账簿系统的差异。

菲尔德豪斯的说明

在菲尔德豪斯的《学生用完全商业簿记》(1898,第3版)的新订版《菲尔德豪斯的完全簿记和记账原理》(1895)中,与迪克西一样,在欧洲大陆模式以及英国模式的名称下,可以找到对账簿系统差异的简单说明。菲尔德豪斯解释道,交易记账时,在大陆各国必须使用"分类账",所有的交易在转记到总账之前,都要记账。这样的方法,一般来说,被称为欧洲大陆模式,这是众所周知的②。

他还说,但是,根据这个欧洲大陆模式,在现实的经营中,将所有的交易进行分录会变得复杂,所以采用了用辅助账簿代替分类账、省略分类账的方法。这虽然节约了分类账的劳力,但并不妨碍复记的原则。由于这些辅助账簿或原始记入账的使用中,同类交易集中在一起,转记于原始记入或总账的情况显著减少。这种方法被称为英国模式(英式簿记法)③。

欧洲大陆模式和英美模式不是决算法的不同,而是账簿组织的不同

仅从这个说明来看,我们未必能够理解基于英式簿记法的账簿系统体系是怎样的,但菲尔德豪斯在这里的说明很明确,并不是说作为账簿结账方法有欧洲大陆模式和英国模式两种方法,而是作为账簿系统本身的不同提出了这两种方法。菲尔德豪斯所谓的欧洲大陆模式和英国模式,和迪克西一样,不是单纯的决算结账方法的种类,而是账簿系统形态上的种类。

---

① Dicksee [1913], p.38.关于欧洲大陆模式账簿结构中的分类账和英国模式账簿结构中的分类账的不同,请参照渡边[1993]11—12页。

② Fieldhouse and Fieldhouse [1965], p.5.

③ Fieldhouse and Fieldhouse [1965], p.76.在同一页中,他列举了在实务中的记账例子:现金出纳账、采购账、销售账、普通分类账(Journal Proper)以及总账这5种。

也就是说,所谓欧洲大陆模式,指的是在采用分割分类账(特殊分类账)制或分割日记账制的同时,使用普通分类账即一般分类账和综合分类账即合计分类账,将所有交易记录在分类账上的大陆式簿记法。与此相对,所谓的英国模式,不仅仅是分割总账制,也指一边采用分割总账制和独自平均总账制、一边省略综合分类账的方法。例如,从分割分类账到总账的直接转记,所有交易不一定要经过分类账,这就是英式簿记法。

这样看来,就不难理解迪克西分第Ⅴ章和第Ⅵ章两章,分别阐述了"欧洲大陆模式"和"以欧洲大陆模式为基础的总账的结账"。该著作在第Ⅴ章中,对经由分类账进行大陆式簿记法的所有交易进行了说明,接着在第Ⅵ章中,与英国(式簿记)法进行对比,同时提及了大陆(式簿记)法的决算手续。

在美国有另一种叫法

作为总账结账方法的欧洲大陆模式(大陆模式决算法)以及英国模式(英美模式决算法)的称呼,主要在英国以英格兰为中心。但是,在迪克西和菲尔德豪斯的四分之一个世纪后,在当时的美国,关于总账的结账方法,有欧洲大陆模式和英国模式以外的不同叫法。

大正 7 年(1918)在波士顿出版的马伊那(1860—1935)和厄尔威尔(1885—?)合著的《簿记原理(入门篇)》中,有这样一种说法:"总账的结账有两种方法。即直接'结转'法和分类账'经由'法。"[①]这种直接"结转"法就是所谓的英美模式决算法,分类账"经由"法就是欧洲大陆模式决算法,这是不言而喻的。

分类账"经由"法和直接"结转"法

大正 9 年(1920)芝加哥出版的莱奥兹(1861—1920)和史密斯

[①] Miner, George and Elwell [1918], p.37.

(1881—?)的《莱奥兹的簿记和会计》,1923年波士顿出版的麦克玛丽(1880—?)的《簿记教师用指南》中也能找到同样的说明。莱奥兹将马伊那和厄尔威尔的"the Journal Method"称为"the Journal Entry Method"[①],麦克玛丽则称"the Direct Method"为"the Direct,or Ledger-transfer,Method"[②]。著作因为时代的不同,其称呼有所差异,但比起英国的簿记书中出现的欧洲大陆模式以及英国模式的称呼,美国的簿记书中出现的分类账"经由"法和直接"结转"法的称呼似乎更为合理。但是,在日本,受前者的影响,两种模式被称为欧洲大陆模式决算法、英美模式决算法,未受到后者(美国簿记书)的影响,故称呼并未被使用。

迪克西的影响很大

如此一来,笔者认为,日本普遍所说的欧洲大陆模式决算法和英美模式决算法,关于这些称呼和程序论,受到了19世纪末出版的以迪克西等为代表的英国簿记书的强烈影响,并没有受到美国簿记书的影响。因此,接下来,我们将具体讨论是在什么时候、通过谁的手,欧洲大陆模式以及英美模式被引进到日本并被落实的。

第四节　翻译过程中引入了错误的称呼

明治初期的簿记书的说明

日本在明治时期发行的许多簿记书中,决算(结算)的种类,一般分为平常决算(平常结算)和停业决算(停业结算)两种进行说明。毋庸置疑,

---

① 他说:"在本书中,由于分类账经由法是公认会计师常用的方法,因此将通过图解进行说明。"(Lyons and Smith [1920],p.54)。

② Mcmurry [1923],p.28.史密斯和詹金斯的簿记中,将所谓的英美模式决算法称为"实务法或商务法"(久野[1985]345页)。

第四章 决算法的演变：从欧洲大陆模式决算法过渡到英美模式决算法的错误

前者是企业在持续经营期间为了计算期间利润而在期末进行的决算方法，后者是企业在停业时为了清算而进行的账簿结账方法。

进入明治30年代，除了这两种，虽然名称还没有统一，但由于决算方法上的不同，关于所谓的欧洲大陆模式决算法和英美模式决算法的说明出现在簿记书上。其初期的例子有：明治30年（1897）初版、其5年后出版的订正增补版的佐野善作所著的《商业簿记教科书》，和明治37年（1904）出版的广冈米治郎和山冈嘉太郎合著的《最近商业簿记》，及明治40年（1907）吉田良三所著的《最新商业簿记》等。

佐野善作的误解

佐野善作在《商业簿记教科书》第9章《总账决算》中叙述道："总账决算的方法有欧洲大陆模式及美国法的两种，分为平常决算（也称为普通决算）及停业决算（也称为纯粹决算）。欧洲大陆模式决算法根据将所有记入总账的事项都经由日记账分类账（作为分类日记账使用时称分类日记账，作为像金银出纳账那样的主要簿使用时使用其他账簿的名称）的原则，为了总账决算，需将记入总账的事项全部首先记入日记账和分类账，然后转记于总账，再进行决算。而美国法决算法则不经由日记账分类账，直接记入总账进行决算[1]"。

明治时期的簿记书中的说明

广冈米治郎和山冈嘉太郎合著的《最近商业簿记》第8章《总账结账》中叙述道："目的上的区别，一为日常决算，也就是决算后还继续营业时，二为停业决算，也就是全部停业时所做的决算。方法上的区分为：一是欧洲大陆模式，用总账、日记账、分类账三册账本决算（必须遵守记入总账的所有事项必须经由日记账分类账的原则，决算的所有事项前首先必须

---

[1] 佐野[1897]84页。

记入日记账,分类账)。二是美国法,只根据总账就能决算。因为欧洲大陆模式决算法太过绕弯子,下面我想简单说明一下美国法的平常决算和停业决算①"。

吉田良三的《最新商业簿记》的第四章"决算"中,也有与前两者相同的叙述。也就是说,决算分为普通决算或平常决算和停业决算两种。其在"决算手法英美模式和欧洲大陆模式的差异"的项目下这样叙述道:"决算必需的手续是直接记入总账的各账户,一点也不借助分类账,这个方法就是英美以及日本使用的英美模式,与此相对,还有一种叫欧洲大陆模式,是欧洲大陆使用的方法,在决算手续用总账进行时,与英美模式多少有些不同,也就是使用欧洲大陆模式决算时,所有将要记入总账的事项,无论实际交易与否,都必须先在分类账中进行分录,然后再转记到总账中。因此,使用此法决算时不能像上面说的英美模式那样直接记入总账账户,应首先将手续项目记入分类账进行分录,之后转记到总账的各账户进行结账手续。"②

当时辞典中的说明

明治 40 年代,在辞典中已经能找到欧洲大陆模式以及英美模式的说明。明治 42 年(1909)出版的武田英一阅和川户藤吉所编的《簿记学辞典》中,对欧洲大陆模式决算法(同义词为欧洲大陆模式)、美国模式决算法(同义词为美国模式)及英吉利模式设置了相关条目加以说明③。

木村祯橘在大正 5 年(1916)出版的《簿记会计学纲要全》中,根据是否进行决算分录,将决算方式分为英美模式和欧洲大陆模式,只有一

---

① 下野校阅,广冈、山同合著[1904]88 页。
② 吉田[1907]104—105 页。同样是吉田良三所著,明治 37 年(1904)的《最新商业簿记学》(同文馆),及明治 40 年(1907)的《简易商业簿记教科书》(同文馆)等中,却看不到关于欧洲大陆模式(欧洲大陆模式决算法)、英美模式(英美模式决算法)或美国模式(美国模式决算法)的说明。另外,在大正 3 年(1914)出版的《最新式近世簿记精义》(同文馆)中,设有欧洲大陆模式和英国模式的项目,进行了说明(435—445 页)。
③ 武田阅、川户编:《簿记学辞典》[1907]劝业书院,11—17,34,656 页。

第四章　决算法的演变：从欧洲大陆模式决算法过渡到英美模式决算法的错误　81

部分经由分类账的方法被称为折中法。书中叙述道，"英美模式或英美式（english method or english system），为决算时不经由原始账簿的分类日记账，用红色印记作为直接在总账上进行决算记录的结转记录方法。欧洲大陆模式或大陆式（Continental Method or Continental System）坚持'记入总账的事项必须从原始账簿的分类日记账中转记'的原则，不承认决算情况的例外，总账决算记录、结转记录全部经由分类日记账用黑色印记记录于总账。"①

对此，大正10年（1921）出版的须藤文基所编的《簿记学辞典》中有对美国式决算法（同义词为美国法）、大陆式决算法（同义词为欧洲大陆模式）项目的说明②。

不知为何英制系统（English System）被翻译成了英美模式

像这样，尽管"Continental System"的日语已被统一成欧洲大陆模式，"English System"在佐野善作的著作中、广冈米治郎和山冈嘉太郎合著的书中，以及之后在整个明治时期出版、关于决算结账方法的种类进行叙述的大部分簿记书中都翻译成了美国法，而吉田良三和木村祯橘的著作等明治末期到大正著的簿记书中，几乎都翻成了英美模式。特别是在木村祯橘的著作中，尽管与"Continental Method or Continental System"相比，用英文明确表示为"English Method or English System"，日语中却没有采用英式或英法，而是采用了英美或英美模式。为什么会有这样的翻译呢？

只是在上面提到的明治42年（1909）的武田英一阅和川户藤吉所编的《簿记学辞典》中，除欧洲大陆模式决算法（欧洲大陆模式）、美国式决算法（美国法）外，还设有英国法，并进行了简单的说明。但是，这里所说的

---

① 东阅、木村[1922]《最近簿记经理学要全（订正七版）》宝士馆，148—149页。
② 须藤编[1921]《簿记学辞典》东洋簿记学院，11—17,656页。

英国法不是作为决算结账方法，而是作为交替计算法的一种直接法的别称进行说明的。也就是说，可以推测，作为决算结账方法的"English System"的日语翻译，由于英国法这一术语已被用作表示其他内容的概念，所以没办法，只能将其译为美国法（又译为美国式决算法），后来被译成了英美模式。

时代来到昭和。在昭和 6 年（1931）出版的原口亮平的《簿记学》中可以看到，其在将决算分为平常决算和停业决算的基础上，还说："决算进一步分为英国模式决算和欧洲大陆模式决算。"①我们可以把吉田良三的《最新式近世簿记精义》和原口亮平的《簿记学》作为使用英国模式或英国式的为数不多的例子。

复式簿记引入期的混乱导致错误的解释

复式簿记和明治维新（1868）一样，是从欧美发达国家引入日本，这是众所周知的。但是，在明治及大正初期为止出版的日本簿记书中，几乎没有引用文献或参考文献。因此，很难确定其中的说明来自欧美的哪本簿记书。因此，很难确定当时在日本普遍使用的欧洲大陆模式（或欧洲大陆模式决算法）以及英美模式（或英美模式决算法、美国法或美国式决算法）的原文是什么。

不过，如上所述，木村祯橘的簿记著作中，用英文表示了"English Method"和"English System"的术语，大正 8 年（1919）上野道辅的口述书《会计学・第一部簿记原理》中说道："迪克西（Dicksee）对总账结账的目的列举了两项"，之后他又说道："决算手续上欧洲大陆模式和英美模式是不同的，欧洲大陆模式在理论上很完整，但含有不必要的重复，而英美模式实际上是产生于欧洲大陆模式的简便法。"②

---

① 原口［1931］《簿记学》千仓书房，150—156 页。
② 上野［1919］《会计学　第一部　簿记原理》，51—52 页。

原因出在错译了迪克西

另外,以这本口述书为基础,大正 11 年(1922)出版的上野道辅《簿记原理·会计学·第一部》中也有类似的说明。而且令人感兴趣的是,序言后面列出了 40 本欧美参考文献,其中列举了迪克西的《志愿成为会计师的学生用簿记》第 6 版(1909)[①]。

这样看来,今天日本普遍使用的所谓欧洲大陆模式和英美模式结账方法是一种误解。当时以迪克西为代表的 19 世纪末英国簿记书籍最初解释的欧洲大陆和英国簿记系统分类之间的差异,导致人们将这些簿记系统下的结账方法误解为与簿记系统相分离的欧洲大陆和英美结账方法,这种误解一直毫无疑义地延续至今。

据推测,这些在英国的簿记书中说明的"Continental System"和"English System",于明治 20 年代后半到 30 年代被引进到日本,翻译成欧洲大陆模式决算法及英美模式(初期为美国模式)决算法,并拥有了广泛的认知,一直传承至今。

第五节 英美模式决算法(简便法)从簿记产生之初即已开始

公认说法的错误

作为确定企业总损益计算功能的决算方法,随着复式簿记从意大利传播到荷兰,再传播到英国和美国,其被推论出是从欧洲大陆模式决算法向英美模式决算法发展的。然而,事实却并非如此。

确定期间损益的会计计算功能方法分为欧洲大陆模式决算法和英美模式决算法。但是,其并不是从一方向另一方进化形成的。从复式簿记有了损益计算功能的 14 世纪上半叶开始,欧洲大陆模式决算法和英美模

---

① 上野[1925]《簿记原理 会计学(增订三版)》有斐阁。

式决算法就没有孰先孰后,两者同时在当时的商人之间广泛使用。这就是历史事实。绝不是从欧洲大陆模式决算法派生出英美模式决算法的。

17、18 世纪的簿记书以欧洲大陆模式为主

16 世纪以后,许多簿记书相继出版,于是人们所说的决算结账方法,包括所谓的英美模式决算法,逐渐被归纳为欧洲大陆模式决算法。特别是这种倾向可以在 17、18 世纪英国出版的许多教科书用簿记书中找到。

作为教科书的说明,恐怕与实务不同,比起简便性、逻辑性、完整性,或许谬误回避性更应被优先考虑,所以可以认为符合这些要求的欧洲大陆模式决算法比英美模式决算法更方便。不过,根据不设决算余额账户的简化法的决算手续,在 1635 年理查德·达丰(Richard Dafforne)的《商人的镜子》中被简单提及过①。

欧洲大陆模式决算法和英美模式决算法的区别,今天最普遍的做法是,包括转账交易在内,所有的交易都要看是否经由分类账来决定。但是在当时的簿记中可以发现,虽然采用了在决算时设置决算余额账户的所谓欧洲大陆模式决算法,但也有很多不将决算转账分类账记在分类账上的做法。可以认为,这是因为个别转记了对决算余额账户的转账分录,因此在确认个别交易时,判断出不需要在分类账上记账。

决算余额账户的统一记账和决算转账分录的关联

决算余额账户的借方、贷方的诸项分别统一分录为"借方:各项科目　贷方:各项科目"时,无法通过决算余额账户确认各个交易。因此,可以认为是通过在分类账上记账来确认决算余额账户上记载的账户②。

在 18 世纪后半期的英国簿记中,采用所谓的英美模式决算法结账的

---

① Dafforne [1635], p.51.

② 例如,可以从代表 18 世纪英国的梅耶的《企业性簿记》(1736)和《现代簿记》(1773)中看到。

事例反而是少数。在少数事例中可以举出麦基的簿记书(1718)和马尔康姆的簿记书的第 2 交易例示(1731)。代表 18 世纪的梅耶的第 1 簿记书(1736)、第 2 簿记书(1773)和汉密尔顿的簿记书(1777),或者马尔康姆的簿记书的第 1 交易例示(1731)等,都是通过所谓的欧洲大陆模式决算法来结账的①。

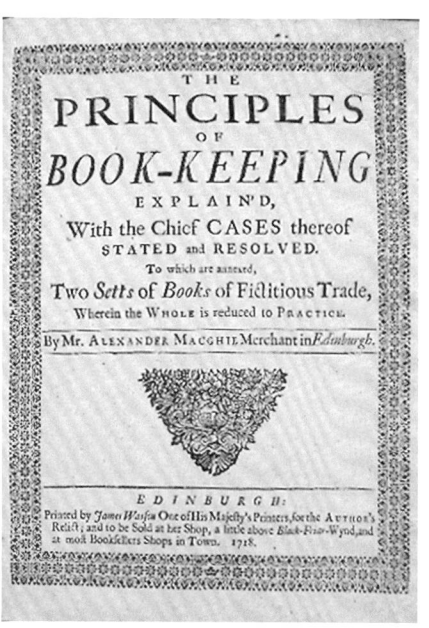

图 4-2 麦基的簿记书(1718)

总之,到 18 世纪为止,在整个英国出版的簿记教科书,大部分都基于所谓的欧洲大陆模式决算法,即使是在英国,根据所谓的英美模式决算法说明总账结账手续的簿记书,也可以说是极少数。如果限定在 17 世纪初期到 19 世纪初期的约 200 年间,所谓的英美模式决算法是在英国和美国出版的簿记书中被广为说明的方法,不一定妥当。

简化的影响

尽可能简化记账劳务的实务要求,在任何时代、任何国家都有。在许多商人和第一次记账的人之间,不断有人强烈要求,有没有一种能够代替复杂难懂的复式簿记,或者改良复式簿记为简单易懂的记账方法。应这个要求而登场的是下一章所叙述的丹尼尔·笛福提倡的单式簿记。

这种对记账劳务简便化的要求体现在各个方面,其一就是对账簿结构和决算结账方法的改良。随着经济的发展,不断扩大的记账劳务和记

---

① 渡边[1983]120 页。

录经济事项的人工有限产生了各种各样的办法和改良，使交易的记录系统，即复式簿记发生惊人的进化。

各国独立发展的账簿系统

英国改良的账簿系统在19世纪得到了独立的发展。不久为了与德国、法国等大陆各国的"Continental System"或"Continental Method"进行区别，其甚至将自己的方法称为"English System"或"English Method"。19世纪后半期，迪克西等人详细解说了欧洲大陆模式和英国模式的区别。在不同的国家进行的决算结账方法，但当时的许多簿记专家在明治时期导入西式簿记的过程中错误地将不同账簿系统的不同结账方法分开，仅作为决算结账方法的不同进行了介绍。

其滥觞是佐野善作的《商业簿记教科书》(1897)。这是迪克西的《会计师志愿者用簿记》出版(1893)仅4年后(明治30年)的事。考虑到当时的通信、交通情况，在4年的岁月里引进翻译，实在令人惊异。在引入西式簿记的过程中，不是作为账簿系统的不同，而是作为决算手续的不同，日文将这两种方法译成大陆(模式决算)法和英美(模式决算)法并进行了说明。这种翻译成为了公认说法，发展到今天，这就是事实。

第五章

复式簿记的演变：

从单式簿记过渡到复式簿记的错误

第一节　复式簿记和企业簿记：簿记是以复式簿记的形式诞生的

第二节　适用于零售商的簿记

第三节　单式簿记的先驱者丹尼尔·笛福

第四节　从复式簿记到单式簿记的演变

第五节　单式簿记的极限

第六节　单式簿记的进化和琼斯式簿记

| 第一节 | **复式簿记和企业簿记：簿记是以复式簿记的形式诞生的** |

单纯说簿记的话，就是复式簿记

在考虑簿记的生成史的时候，如何理解、如何定义簿记是很重要的。之所以如此，是因为根据如何定义簿记的本质，其生成时期会有所不同。

迄今为止的解释是，簿记史乃至会计史研究的出发点是复式簿记的生成史，而绝不是单式簿记的生成史。著名会计学家 A.C.利特尔顿（1886—1974）说"术语'簿记'一般代替'复式簿记'来使用，它并不包括复式和单式这两个簿记概念"，①这暗示着我们在说簿记历史的时候，是指复式簿记的历史。也就是说，簿记的历史研究是追溯复式簿记历史的研究。

这样考虑的话，簿记是为了记录 13 世纪初在意大利的北方诸城市伴随交易的债权债务的备忘录，或者公证书而产生的。簿记在其诞生之初，就是作为从两个维度记录交易的资本计算（损益计算）技法而发挥作用的。反过来说，就是将从两个维度记录交易的损益计算技法定义为簿记。也就是说，簿记是作为复式簿记出现在历史舞台上的，绝不是作为单式簿记诞生的。结论就是，不是从单式簿记中产生了复式簿记，而是后来从复式簿记中演变成简便的单式簿记。

交易的两面性是等价交换的结果

商业交易，无论是物物交换，还是现金结算，基本都是通过等价交换进行的。至于这种交换是否真正等价，在这里就不过多探讨了。因为当事人内心认为彼此都得到了好处，所以才可以进行交换，从这个意义上

---

① Littleton [1966], p.23，片野译[1978]38 页。

讲，其实是不等价交换。因此，即使不一定是等价的，如果是在了解现实交换的情况下进行的交易，从结果上看，也是双方在相互理解的意义上进行了等价交换。

既然是等价交换，交易就不能只通过一方（出或入）成交，而必须存在相同价格的另一方（入或出）。也就是说，存在卖方和买方。这里的价值的出和价值的入，在某种意义上是原因和结果，也可以称为流量和存量。近年来，这两者的价值也被称为脱手价值（出售市场中的价值）、入账价值（购买市场中的价值）。正因为这种两面性，在历史上，存在着企业簿记最初作为复式簿记而不是单式簿记诞生的根源和现实根据。

交换交易通过卖方和买方的相同金额进行双面记录，即复式记录。后来，为了使这种复式的记录更加易懂且简单，简略的记录方法被发明出来，这就是单式簿记。因此，作为记录交易手段的簿记，首先可以说是作为复式簿记成立的。因为商人的记账方法没有明确的根据，所以有人认为是从单式簿记进化到复式簿记的。历史事实却恰恰相反。

簿记是历史的产物

作为商人的创意而产生的复式簿记，在悠久的历史活动中，作为企业簿记或商业簿记而产生，是不争的事实。无论人们在逻辑发展的框架之外如何缜密地论证已经进化出这种计算法的事实，都无法仅凭这种方法来看清事物的本质。把复式簿记当作单纯的计算方法的形式方法和将复式簿记作为企业簿记或商业簿记来把握的实质的方法，仅仅通过这两种分析方法，到底能否找到复式簿记的本质呢？这不能不说是一个很大的疑问。簿记不同于数学。

簿记与自然科学不同

笔者认为，仅靠这种悟性的分析方法，任何社会科学都无法揭示其本质。何况是在每天的商业交易中，由商人们的睿智设计出来的复式簿记，就更不用说了。抛开当时的时代背景,只是纯粹提取其计算方法去接近其本质,与其说是极其困难,毋宁说是根本不可行。

就像我们每个人都是时代之子一样,复式簿记也是在商人们悠久的历史活动中诞生并发展的。在解释反映现实生活中商人们日常生活的簿记时,如果我们想摆脱历史的框架去接近它的本质,这等于是"一叶障目,不见泰山"的行为。如果它是一门自然科学,比如数学,那就无所谓了,但将簿记这门社会科学简单地作为一种纯粹的计算技法来分析,那么复式簿记的真正本质就无处可寻,也无物可寻。

利特尔顿思考的簿记的本质

相对先前提到过的杜·鲁瓦复式簿记的三个生成因素,即信用(交易)、合伙(企业)、代理人(业务),利特尔顿提出的复式簿记生成因素是:资料(簿记应该整理的东西),包括 a. 私有财产(变更所有权关系的力量)、b. 资本(用于生产的财富)、c. 商业(财物的交换)、d. 信用(未来财物的现在使用);表现手段(表现资料的手段),包括 a. 书写手法(永久记录的手段)、b. 货币(交换的手段,计算的通用尺度)、c. 算术(计算的手段),这些要素根据经济、社会环境被赋予综合力量的时候,产生的方法(系统表达资料的方法),就是簿记[1]。

利特尔顿的这一想法与之前《会计》第 32 卷第 1 号和第 2 号中刊载的木村和三郎论文《复式簿记和企业簿记》在 1933 年同年发表的内容不谋而合,难道是历史的偶然吗?这是件很有趣的事[2]。

利特尔顿说:"这些是簿记产生的基本要素,但仅凭历史上存在过这些要素,还不足以产生簿记。这些要素在古代都以某种形式出现过,但早期文明没有产生我们今天所理解的复式簿记。"[3]

---

[1] Littleton [1966], p.13.片野译[1978]23—24 页。
[2] 参照渡边[2014]156—157 页。
[3] Littleton [1966], p.13.片野译[1978]24 页。

从财富到资本的转换诞生了簿记

其理由是,为了夺回 1072 年被土耳其军攻占的圣地耶路撒冷,1096 年至 1272 年组成的十字军东征,使大量资本和利润在意大利北部诸城市积累。

也就是说,"与其说古代文明的财富成为船只而不活动,不如说它成为宫殿而停滞。但是,中世纪的意大利从 1200 年到 1500 年,资本一路被驱使到生产方面。有钱的贸易商自己有船,押上资本将其装满商品。更稳当的做法是,得到匿名合伙成员的出资,自己作为业务执行合伙成员进行活动。另外,更安全的做法包括以船为担保贷款或向政府贷款等。[①]"其结果是单纯的财富转嫁为创造利润的资本,与商业的飞跃发展和信用交易,或者从阿拉伯引进的作为计算技法的算术等相结合,产生了复式簿记。

复式簿记作为企业簿记诞生

由此诞生的复式簿记的最大特点并不仅仅局限于记账的双重性和借贷的均衡性。"为了实现完整的簿记,除了均衡性和双重性以外,还必须添加其他要素。这个追加的要素,不用说,就是资本主关系(proprietorship),即对所属财物的直接所有权和对产生收益的直接要求权。缺乏这个要素的时候,账目记录只不过是将相互对应的记录内容进行概括,并以适当的形式进行归纳而已。"[②]"这样的利润计算才是完整系统的簿记的职责,人们称之为复式簿记。"[③]利特尔顿所说的资本主关系(proprietorship)与下一章讨论的问题有很大的关联。

簿记的本质在于损益计算(资本计算)。这说明簿记确实是从流量和存量,也就是从原因和结果两个方面来计算企业利润的一种技法。也就

---

① Littleton[1966],p.19.片野译[1978]32 页。
② Littleton[1966],p.26.片野译[1978]45 页。
③ Littleton[1966],p.27.片野译[1978]45 页。

是说，商人的交易记录不是作为单式簿记，而是作为复式簿记登上了历史舞台。因为单式簿记在损益计算方面是不完整的簿记，后文会提到复式簿记绝不是由单式簿记发展而来的。

第二节 适用于零售商的簿记

小规模零售商的要求

13世纪初，复式簿记和商业资本观念一起作为企业簿记诞生了。时过境迁，在18世纪后半期的伦敦，作为复式簿记简便法的简式簿记，即单式簿记（single entry）是为当时的小规模零售商和学院或文法学院的簿记教师而设计的。

作为已经完善的复式簿记的替代品、街头小商店也能适用的、简便的交易记录计算手段就是单式记账，即单式簿记。18世纪后半期在英国登场的单式簿记（single entry），与日本一般理解的局限于现金收支记录的财产管理、维护计算中所使用的记录系统有很大的差异。称谓是单式的，但实际的记账是复式的，后面再详细解说。

复式簿记自13世纪初产生以来，一直到18世纪后半期，采取了日记账（waste book）→分类账（journal）→总账（ledger）三账簿制。商人们充分理解了正确记录每日交易的必要性。但是，这种意大利式簿记法（复式簿记）由于过于复杂而难学，因此以小规模零售商为中心的商人们产生了一种强烈的愿望，即有没有更容易的记录每日交易的方法。单式簿记因此登场。并不是像一般人理解的那样，从单式簿记发展到复式簿记，历史的真相恰恰相反，是从复式簿记发展到单式簿记。

单式簿记是复式簿记的简式簿记

单式簿记的特征是使用将日记账和分类账合二为一的分类日记账

(day book)①，总账只设债权债务和余额账户，不能计算企业损益，只是进行了交替计算。在明治初期，福泽谕吉的《账合之法》及其以后陆续出版的簿记书中所说的日记账，就是指这个分类日记账。

单式簿记中的余额账户不像今天这样是资产负债的一览表，实质上只是往来账户（current account）而已。那里只是显示了当前的借贷余额，借贷差额并不表示净资产的数额。单式簿记是作为复式簿记的简便方法而被发明的。因此，虽然只是限定的交易，但被记账的交易全部在借方和贷方双方重复记录。

复式记账却为什么是单式簿记？

那么，为什么这种基于复式簿记（double entry）的记账系统被称为单式簿记（single entry）呢？这很令人难以理解。硬要说个道理的话，是因为在总账上只记录债权债务，复式簿记是从流量和存量两方面进行损益计算，而单式簿记是只从存量方面进行余额计算，因此也许可以说成是单式。另外，当时的单式也有可能是用来表示今天的简单（simple）的意思。

小规模商店即使知道账簿是正确且重要的，其对于复杂的记账方式，也往往敬而远之。因此，为了尽可能简化记账劳务而诞生的就是单式簿记。把以前的主要账簿——日记账和分类账放在一起的分类日记账被重新使用，其中只记录了有关债权债务的交易。因此，在总账上，只设有债权和债务以及余额账户。其结果当然是不能用余额账户计算损益。单式簿记的产生是为了尽可能地减轻记账上的负担。但是，从损益计算的角度来看，可以说是不全面的簿记，虽然其名字是单式簿记（single entry），

---

① 在明治初期以福泽谕吉的《账合之法》为开端出版的日本的簿记书中，将此译成分类日记账（day book）。从复式簿记产生之初到18世纪后半期，广泛使用的西式簿记中的日记账被称为日记账（waste book），18世纪的英国使用的分类日记账（day book）指的是将日记账和分类账合二为一的分类日记账。需要注意的是，这与明治时期日本的簿记书所使用的日记账不同。

但实质上只是简单簿记(simple entry)而已。

第三节　单式簿记的先驱者丹尼尔·笛福

经营学的先驱者笛福

　　1725年,在工业革命前夕,作为资产阶级代言人而活跃的商人,同时也是经济思想家的丹尼尔·笛福(1660—1731)著有《完整的英国商人》(*The Complete English Tradesman*, 1725)一书。在日本,他作为《鲁滨逊漂流记》(*Strange Surprising Adventures of Robinson Crusoe*, 1719)的作者而享有盛名,所以很容易忘记他作为英国经营学先驱者的地位。他的本名是丹尼尔·福(Daniel Foe)。但是,Foe给人的印象是"怀有敌意的对象""冤家""反对者""会带来伤害的人"等,因此他在本名的前面,加上了De这个在法语、西班牙语、意大利语中经常被表示出生地的词语,据说是为了消除负面的印象。

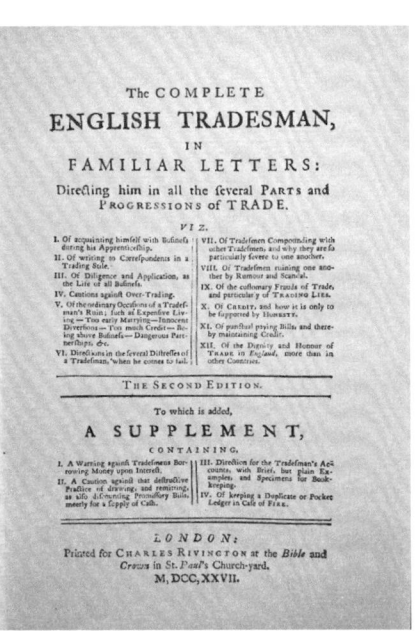

图5-1　《完整的英国商人》第2版的标题页

说明商品、现金、债权债务三者的重要性

　　笛福在《完整的英国商人》第20章"商人账簿的记录方法及零售店的计算方法"的开头讲到"英国商人每年至少一次,计算自己的资本账户和损益账户的余额,这是自古以来的好习惯。①"其通常在圣诞节或新年举行。另外,"准确地记录账簿对商人生意的繁荣来说是一个基本因素。账簿是商人财产的登记簿,也是资本目录。社会上的一般商人所拥有的'重要元素'一定在以下三者中找得到",然后他列举了商品、现金、债权债务。

在记录日常交易时,特别是对小规模零售商来说,如果要求过于复杂严密的交易记录,记录本身就很麻烦。因此,对商人来说只要将最重要的三个要素——商品、现金、债权债务问题好好掌握记录下来才是最关键的,所以不需要严密的复式簿记的记录,提出了以这三个要素为重点的记录系统,这就是单式簿记。特别是商品和现金,由于是实物,可以通过实际盘点进行确认,但关于债权债务,如果没有交易记录,则很难确认其余额。因此,单式簿记可以认为是提倡了对商人来说至关重要的债权债务管理的记录系统。另外,单式簿记对于另一个重要因素,即现金,将其与分类账和总账分开,记录在现金出纳账上进行管理。

笛福的特征与账簿系统

笛福列举了"现金出纳账""小额现金出纳账""分类日记账或分类账""摘要留存账"4个主要账簿,作为其汇总列举了"总账"②。另外,作为辅助账簿,还有"备忘录""小额债务账""票据记入账"等③。总账不仅是"最大且主要的账簿,而且是位于所有簿记(手续)最后的重要账簿。因为到现在为止提及的全部账簿'的金额'被合计在总账里,'在那里'只有余额被转记、再现,'在那之后'为了各个项目的'确认',要对照分类账(journal)和分类日记账(day book),'其结果'是总账的会计科目变得简洁而常用④"。

---

① Defoe [1727], p.266.

② Defoe [1727], A Supplement to the Complete Tradesman in Part 1, p.43.

③ 关于这些账簿,请参照高寺[1971]387—390页。此外,在补充论的第4章中,劝说把总账的副本记在笔记本上,以防不幸遭受火灾时备用(Defoe [1727], pp.146-148.)。

④ Defoe [1727], p.124.

单式簿记的先驱

以笛福为先驱的单式簿记,得到了赫顿的继承。这个 18 世纪在英国登场的单式簿记,其特点之一是使用了将日记账和分类账合二为一的分类日记账。从这一点判断,笛福并没有将自己提倡的簿记法称为单式簿记,而是赫顿、莫里森、唐等人在 18 世纪后半期到 19 世纪初的英国明确规定了单式簿记。明治初期,以福泽谕吉为首介绍西洋簿记的许多日本簿记书中都有叙述单式簿记的先驱者,这是显而易见的。

作为交易记录手段的簿记,由于其所具有的两面性,必然是作为复式簿记诞生的。绝对不是从单式簿记进化成复式簿记,而是作为复式簿记的简便法设计了单式簿记,这是历史事实[①]。

虽然笛福的簿记系统与后来由赫顿解说的单式簿记有所不同,但他是后来人们所主张的单式簿记的先驱却是不争的事实。在单式簿记中,除了甄别分类日记账和总账以外,还使用了多个辅助账簿[②]。

笛福的记账法

笛福所说的单式簿记的记账法如下表 5-1 所示:

表 5-1 笛福的交易记账法

◆ 在分类日记账中,只记录有关债权债务的交易。
现金、小额现金→作为辅助账簿的现金出纳账、小额现金出纳账(账户样式)记账管理。
债权债务→用分类日记账分类,转记总账管理。(但是,期内以现金或英格兰银行发行的票据收取或偿还时,每次都可以抵销。因此,借方的债权余额不表示销售总额,而贷方的债务余额也不表示采购总额)。
商品→用分类日记账管理(不过不被转记到总账上。因此,期末存货用分类日记账管理)
其他交易→除设有辅助账簿的交易外,不记账。

---

① 渡边[2012]125—126 页。
② Hutton [1785], p.146.

在笛福的簿记书第 2 版的补充论中设置的账户示例共计 6 个,但全部都是人名账户,即债权债务的账户①。在这一点上,显然笛福的簿记论不是复式簿记的解说,虽然还没有使用称谓,但很明显是之后陆续登场的单式簿记的记账法。其正是单式簿记的先驱簿记书。13 世纪产生的复式簿记发展到 18 世纪,诞生了一种既简便又简单的简易记账系统,适用于小规模的零售商人,这就是单式簿记。

第四节 从复式簿记到单式簿记的演变

赫顿的簿记书

到了 18 世纪后半期,受到笛福的影响,代替为了年轻的会计和商人而设计、对于初学者来说复杂的意大利式借贷簿记,即复式簿记(double entry),对易懂、改良了的簿记法即单式簿记(single entry)进行论述的簿记书陆续登场。

查尔斯·赫顿(1737—1823)1764 年在纽卡斯尔出版了他的著作,后来该著作又多次再版,一直增印到第 11 版(1801)。1804 年该著作由英格拉姆在爱丁堡出版了新版,1806 年出版了第 12 版,并且在他死后过了 17 年的 1840 年图罗特的新版也出版了,到 1871 年为止增印了各种版本②。1874 年(明治 6 年)出版的福泽谕吉《账合之法》(初编由简式解说单式簿记)的原著——布莱恩特(Bryant)、斯特拉顿(Stratton)、帕卡德(S.S. Packard)合著的《公立学校的簿记》(1871),不仅说明了复式簿记,也

---

① Defoe [1727], pp.128 – 141.

② Yamey, Edey and Thomson [1963], pp.218 – 219.我手头有第 7 版(1785)和英格拉姆的新版(1804)以及久留米大学图书馆允许我复印的《哈伍德文库》初版(1764)的复印件。在日本,宇佐川秀次郎的日本译本《日用簿记法 完》于明治 11 年(1878)出版,其刊本原稿《普通簿记法 完》也于明治 11 年作为日本装订本出版。关于这段时间的情况,详见西川[1982]123—153页,以及西川监修·解说[1981]。

详细解说了单式簿记。赫顿的簿记书虽然不是复式簿记的解说,但其与梅耶、汉密尔顿的作品一样,是18世纪簿记书的代表作,这一点毋庸置疑。

单式簿记的说明从第2版开始

赫顿1764年的初版题目是《教师手册,或完整的实用数学体系》。但是,初版中大多是关于意大利式借贷簿记法,即复式簿记(double entry)的说明,还找不到关于单式簿记(single entry)的论述。赫顿关于单式簿记的说明是在1766年出版的第2版以后。第2版的题目是《教师手册,即各种提问满天飞的学校和零售商的簿记培训都适用的完整实用数学体系》,与初版不同,赫顿采用的书名考虑到了簿记学校教师和小规模零售商。虽然在标题中还看不到单式这个词,但赫顿在长达40页的补充论述中,对初版中没有的单式簿记进行了说明①。这时间晚于笛福40年左右。

1771年,和初版一样,赫顿在纽卡斯尔出版了第3版《教师手册,或者实用数学以及包括单式、复式两种簿记的完整体系》。其中,赫顿在标题中明示了单式簿记这个词,并明确地说明了单式簿记和复式簿记的区别。第7版于1785年在伦敦出版,之后的标题也改为《关于实用数学和包括单式、复式两种完整论述,也适用于学校使用》,之后多次印刷再版(图5-2)。

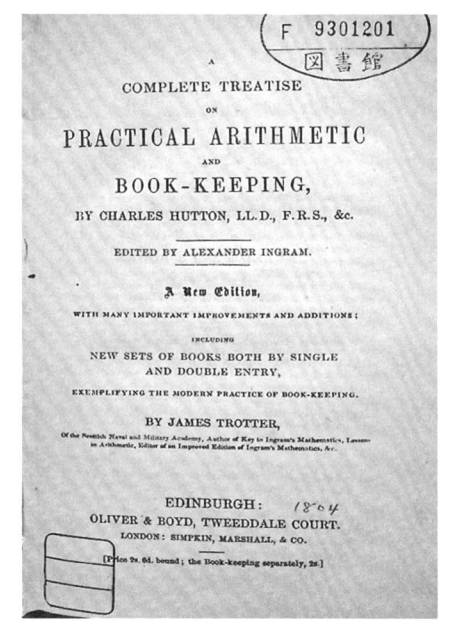

图5-2 图罗特出版的赫顿簿记一书的新版标题(1840)

---

① 山下[2012]9页。

赫顿簿记书的特征

赫顿认为,对于所有想从事商业活动的人来说,学习单式簿记是必要的。因为意大利式簿记法即复式簿记复杂难懂,忙碌的商务人士没有充裕的时间完全掌握它,商人们的不满不断[1]。因此,他将笛福所主张的复式簿记的简便记账法命名为单式簿记(single entry),并对简便记账法与交易实例进行了详细说明。

单式簿记是最简单、最简便的记账方法,但同时从簿记的最大使命——损益计算方面来看,它也是一种不完整的方法。因为单式簿记只把所有交易中的有关债权债务的交易转记到总账,而不能用总账计算利润。在总账的余额账户中,只是进行交替计算而已。

但是对于销售额少且经营多品种商品的零售商来说,即使通过复杂的复式簿记进行了严密的损益计算,也得不到与其所花费的时间和精力相对应的好处。对于当时的小商人来说,其只要明确掌握决算时点的债权和债务余额就足够了[2]。在所得税法制定(英国为1799年)以前,对于小规模零售商来说,不一定需要严格的损益计算。不管是现在还是以前,都是一样的。

赫顿的余额账户

赫顿的余额账户和笛福一样,只有人名账户被转记。因此,余额账户的余额并不表示净资产。单式簿记中的余额账户不能计算损益,只是把债权和债务相抵后的余额表示为总额。对于小规模零售商来说,重要的是现金、商品以及债权债务的管理(表5-2)。

赫顿和莫里森所说的当时一般被称为单式簿记(single entry)的簿记法,将一直使用的日记账与分类账合并,只使用分类日记账和总账。尽可

---

[1] Hutton [1785], London, p.145.
[2] Morrison [1808], p.15.

能用简便的方法这个思路推动了两者的合并。但是在分类日记账中只记录了与债权债务相关的交易，其结果是在总账中只设置了表示债权债务的人名账户，在决算时设置的余额账户不能计算净资产额。18世纪末以后，在复式簿记中也使用了这种将日记账和分类账合二为一的方法，现在一般实行"分类账→总账"的双账簿制。

表 5-2　赫顿的 A 总账的余额账户①

	借方　余额					贷方			
1777	J.埃尔福特　债权	3	4	10	1777	R.巴伯	18	15	0
	阿尔曼，艾伯曼	25	0	0		玛丽·格雷夫人	9	8	6
	托马斯·罗宇森	11	19	2½		托马斯·格雷	4	6	6
	尼古拉斯·诺顿	3	15	4½					
	罗杰·利蒂尔	33	5	9			32	10	0
	康拉达·康庞德	56	19	5					
	约翰·贝克	6	7	0					
	萨米尔·爱德华兹	1	14	6					
	托马斯·亨特	5	5	0					
	彼得·汤普森	72	2	5¼					
	爱德华·杨	4	17	6					
		224	11	¼					

Hutton [1785]，p.171

因此，单式簿记不能进行损益计算，只是复式簿记的简便法。单式簿记在支撑会计利润计算结构的计算系统方面，可以说是不完整的簿记。从这个意义上说，与其将 single entry 翻译成"单式簿记"，不如翻译成"单式记账"(simple entry)更贴合实际。

单式簿记是交替计算

现代因为专业化的渗透，供应商和老客户是同一个客户的情况少了。

---

① 在赫顿的单式簿记的总账 A 的余额账户的记账例中，如上表 5-2 所示在向新账的结转时，未计算余额。这里的结账日不是决算时的结账日，只是因为账上记满了，因为旧总账 A 的该账的借贷各自的合计金额只是原封不动地转到新总账 B 中(Hutton [1785]，p.171)。

但是,在中世纪和近代初期为止的交易形式中,客户和供应商相同的情况并不少见,因此债权和债务的两种账户都设置在总账内,在此进行交替计算。

现金和商品,即使没有账簿,也可以用实物确认其价值和金额。但是债权债务如果没有记录,就无从得知。因此,只有这些账目是在总账上设置的。

18世纪在英国设计的单式簿记、复式簿记中分别设置的作为债权债务账户的人名账户,不再作为单独人名账名,而是以"现行账户(current account)"的账户名统一设置在总账内。所谓"current",就是指"现在"的借贷的相抵余额,借贷差额是指借方剩余时未收回的债权,贷方剩余时未结算的债务①。这绝不是指今天的往来账户。

从三账簿制到双账簿制

单式簿记中使用的分类日记账是指,在以简便性为主的单式簿记中,将复式簿记产生以来到19世纪初为止长期使用的日记账与分类账合并而成的账簿。19世纪中期登场的单式簿记中日记账被废除,但不仅仅是单式簿记,在意大利式簿记(复式簿记)中,在追求简便的趋势下,流水账也逐渐不再被使用。意大利式簿记的账簿结构体系从[日记账→分类账→总账]经过[分类日记账→总账],不久就变成了[分类账→总账],即今天的双账簿制。分类账的小字注解应该是分类日记账的残余吧。

在小规模商店中,复杂的系统即使是正确的,也容易被敬而远之。因此,尽可能向简单易懂的记账系统进行改良的意愿促使了单式簿记的出现。代替当时普遍使用的复式簿记,18世纪后半期在英国的小规模零售商和学院教师之间使用的是单式簿记。将以前的主要簿册——日记账和分类账合并在一起重新制作了分类日记账,在总账中只设置了债权债务

---

① Morrison [1808], pp.14-15.

以及余额账户。其他的一切账户都省略了，为了尽可能减轻记账的负担而提出的方案就是单式簿记。

第五节　单式簿记的极限

作为简式簿记的单式簿记

　　作为复式簿记的简化形式诞生的单式簿记，是代替损益计算的交替计算的简易记账法，与今天一般理解的所谓以现金收支簿记为代表的单纯用于现金管理的记录是两回事。复式簿记的损益计算的特征是从流量和存量两方面进行的，但在18世纪前半期，英国设计的单式簿记，从理解交易两方面的意义上来说是复式的，绝不是单式的（single entry）。

　　这里所说的"single entry"，意味着不是从交易所持有的流量和存量的两个方面进行记录，而是只从其存量方面进行余额计算，而且仅限于债权债务。由于被称为"single entry"，所以容易被认为是只有借方或贷方中的一方的记录系统，但绝非如此。从复式簿记派生出来的作为简式簿记的单式簿记，不是以计算损益为目的的记账系统，虽然采用复式记账，却是为小规模零售商户设计的简式簿记，是出于债权债务管理目的的记账系统。

单式簿记不是以管理财产为目的

　　因此，作为复式簿记的简易法出现的单式簿记，与中世纪英国的庄园会计中用于管理财产的记录系统、日本的单纯的现金收支记录被看作单式簿记或单记式簿记的想法，应该明确分开来考虑①。

---

①　小栗[2014]30—35页。

簿记作为复式簿记而成立，在18世纪后半期的英国，作为其简易法或简便法而设计出单式簿记是历史事实。从时代的角度来看，复式簿记占主导地位。如果说是从单式簿记中扬弃了复式簿记，那么随着复式簿记的成立，单式簿记即使消失也不足为奇。然而，在现实生活中，在18、19世纪的英国，两者并存，并各司其职。

福泽谕吉在《账合之法》全4卷(1873,1874)中将复式簿记称为本式，将单式簿记称为简式，这可以说是他的真知灼见[①]。简式只有先有本式才算简式。历史舞台上，没有简式先登场的。

复式簿记成立前的簿记叫什么？

这样看来，作为复式簿记的简便方法而登场的简便的单式簿记是与一般所说的记录现金收支的记账方法完全不同的记录系统。那么，簿记，也就是复式簿记成立前，单纯记录现金收支的记录系统应该如何称呼，如何理解它与簿记的关系呢？

在日本也经常从奈良时代的遗迹中发掘出许多木简，其中记录了当时官员的工资、购买食品和修缮房屋所需的各种现金支出。但是，我们并不把这种单纯的现金收支记录称为簿记。硬要给这种记录一个称谓的话，不是簿记而是"现金收支记录"。现金的收支记录，极端地说，即使是石头和贝壳，也可以说它是随着货币的出现而诞生的。这种货币或现金的收支记录，既不是复式簿记，也不是单式簿记。

我们会计史学家的研究对象始终是簿记，这个簿记的历史正如利特尔顿所说的，是复式簿记的历史，即损益计算（资本计算）的历史绝不是单纯的现金收支记录的历史。从这个意义上也可以看出，单式簿记并不是在复式簿记诞生之前就存在的记账系统，而是从复式簿记派生出来的记录系统。

[①] 高寺[1982]34—35页。

单式簿记不能计算损益

在单式簿记的总账中,由于只有伴随信用交易的债权债务被记账,所以无法知道销售了什么商品,账面上出现了多少损益。如果想知道整个店铺哪些商品卖光了,或者在哪些交易中获得了多少利益,又或者蒙受了多少损失,就不能不计算期末资本。要想知道获得了多少利润,可以在损益账户中根据收益、费用的差额计算,除了根据期末净资产和期初净资产的差额计算之外,别无他法[①]。根据单式簿记记账的总账的余额计算不能计算出净资产,当然也就不能计算出损益。

因此,凯利(Kelly)称,如果从严密的损益计算手段的角度出发,单式簿记是不完整的簿记,同时也不具备防范贪污、发现欺诈行为的充分手段,他主张用复式簿记弥补这些缺陷[②]。但是,在凯利之前,琼斯主张复式簿记在防止舞弊和谬误方面,与单式簿记一样存在诸多缺陷。但是,无论是单式簿记还是琼斯式簿记,最终都面临像泡沫一样消失的命运(图 5-3)。

单式簿记中的损益计算

到了 19 世纪,在赫顿死后由英格拉姆出版的图罗特的赫顿簿记书的新版中,受琼斯式簿记的影响,其从存量方面通过单式簿记,采用以下方法进行损益计算(表 5-3)。在这里,从现金出纳账中算出现金余额,从分类日记账里算出剩余商品,另外,从总账的余额账户里算出债券和债务的差额,从这三者中计算出净资产的总额,与期初的净资产额进行比较,从存量方面计算利润。对小规模商人来说,掌握盈亏也比什么都重要。不论复式、单式,对于簿记来说,损益计算就是生命。

---

① Kelly [1801], pp.4-5.
② Kelly [1801], p.5.

表 5-3　赫顿簿记书的图罗特版(1840)中的损益计算

现金结余	£7	14	5¾
剩余商品的价值	288	15	3
债权的总额	1 424	15	8¼
最终资产总额	£1 721	5	5
债务总额扣除	511	10	0
获得的净资产总额	£1 209	15	5
现在的资本总额	£1 209	15	5
事业开始时的注册资金	1 000	0	0
3个月的净利润	£209	15	5
上述净利润	£209	15	5
个人账户的"支出"总额	29	19	4¼
小额现金出纳账的费用总额	16	13	1½
居住在里斯的乔治·辛普森的损失总额	35	6	0
销售总利润①	£291	13	10¾

Trotter [1840], new edition of Hutton, p.196.

有趣的是，这样计算求出的净利润中加上所谓的营业费、销售费、一般管理费，计算出了相当于今天的销售总利润。这让人联想到，利用今天的综合利润(当期净利润＋其他综合利润)重复计算净利润的方法。这是一个事例，让我们清楚地认识到迅速采用适应现实的方法的商人们的现实适应能力之强。

第六节　单式簿记的进化和琼斯式簿记

对实务有用的簿记的需求

进入18世纪，在当时的英国，一方面，以小规模零售商为中心，要求提供简单易懂的简单簿记代替传统的复式簿记；另一方面，从事海外贸易的商

---

① 原语为 Total Gross Gain upon the Sales，内容是指营业利润。

人们要求更加详细的、对实务直接有用的簿记,像这样的需求逐渐增大。

针对以当时的学院教科书为蓝本而出版、对意大利式簿记原理进行简明解说的簿记书,这种"实用的簿记"的潮流,很快掀起了时代的浪潮。以 18 世纪初笛福的《完整的英国商人》为先驱,出现了以同世纪后半期的赫顿为代表的复式簿记简便法的单式簿记。

另外,对能够直接适用于实务的簿记的要求,也产生了东印度公司从事美国贸易的代理商们对详细记账说明的簿记书的要求。于是 18 世纪末到 19 世纪初,以布思为代表的实用簿记或改良簿记书登场了[①]。

为了适应这两个相矛盾的新实务的浪潮,同时出现了将单式簿记的简便性和实用簿记的详细性混合在一起的动向。琼斯式簿记的登场正是时代开出的无果之花。

解说单式簿记的众多簿记书

解说单式簿记的英国簿记书,除了笛福和赫顿以外,还有 J·西利的《会计手册:教师实用数学辅助者》(1773)、本杰明·道恩的《会计人:关于复式簿记和单式簿记的试论》(1775)、帕特里克·凯利(1756—1842)的《簿记原理》(1801)、W·塔特的《商人的会计入门》(1810)、罗伯特·古德克尔的《学校教材用簿记论》(1811)、詹姆斯·莫里森的《商人会计全体系》(1808),以及詹姆斯·莫里森的《单式和复式的簿记入门》(1813)等。

道恩所说的簿记法

本杰明·道恩(1729—1798)1775 年在伦敦撰写了《会计人:关于复式簿记和单式簿记的试论》,在本书序的开头他这样写道:"本书的目的在于说明比其他方法更复杂的复式簿记(double entry)原理。但是我还没能理解复式簿记的记账方法,而且这里将展示出不能用复式簿记来记账

---

① 参照渡边[1993]第 6 章下内容。

的大部分零售商人和小企业主所使用的单式簿记(single entry)的记账实例。恐怕对于'今后'想要学习完全复式簿记的年轻会计人来说,这是一本非常有益的入门书。……每个人、每一笔交易,都要'最先'计算好自己的'总'资金额。即现金、商品和债权债务。这样,他在做生意的时候,就可以知道实际的财产有多少。因为这种状态都显示在账簿上。"①

道恩认为小规模的小商贩通过单式簿记记录交易时,现金、商品和债权债务的计算比什么都重要,他的这个想法,与前面叙述过的笛福等解说的单式簿记并无二致。

凯利所说的簿记法

关于单式簿记而著录的簿记书,进入 19 世纪后更是大量面世。帕特里克·凯利(1756—1842)撰写了会计历史上最初的简单的簿记书,并在 1801 年著有《簿记原理》,该书在伦敦出版,详细解说了单式簿记。

他在序言中说,该书由三部分组成,首先简单地说明单式簿记和复式簿记的基本原理,然后根据在学校教授的复式簿记的共同理论进行详细的练习,最后以实际商人的账簿的交易事例为基础,用会计事务所公认的记账法进行说明②。

对于复式簿记在批发商和贸易商的业务中使用,他叙述道:"单式簿记主要用于零售业,虽然是最单纯简明的簿记,但并不完整,在某些本质上存在缺陷,"③他还说:"单式簿记是用来记录信用交易的,为了这个目的的需要两本账簿:分类日记账和总账。分类日记账是从记录所有者的财产和债务等开始的,接着记录发生交易的详细情况,并按照发生交易的顺序记账。"④

---

① Donn [1778], p.3.
② Kelly [1801], preface iii.
③ Kelly [1801], p.1.
④ Kelly [1801], pp.1-2.

简易簿记和实用簿记两种潮流

如前所述,18世纪后半期的英国出现了两种新的动向。一方面,由于复式簿记复杂且不易理解,因此产生了对以小规模零售商、小店主或学院教师为对象的更简单、更容易理解的簿记法的要求。另一方面,对于实际从事与美国的海外贸易的贸易商和批发商来说,当时的学院教科书中说明的复式簿记的基本原理并不实用,因此出现了要求采用更详细的、能够适应实际交易的记账法的要求。前者产生了复式簿记的简便法,即单式簿记,后者促使实用簿记或改良簿记登场。以布思为代表的实用簿记或改良簿记的簿记书也和有关单式簿记的簿记书一样,在整个18世纪大量面世[①]。

受这两种潮流的影响,对单式簿记和复式簿记两者所具有的缺陷进行改良而成的全新的簿记提案在18世纪后半期登场,即当时风靡整个欧洲的琼斯撰写的《琼斯的英国式簿记》(1796)。本书再版至16版,各国均有翻译。从中可以看出它是如何备受关注的。但是,琼斯式簿记最终被批判与复式簿记基本没有区别,不到一个世纪,其就像无果之花一样消失了。这期间的复式簿记改良流程如图5-3所示。

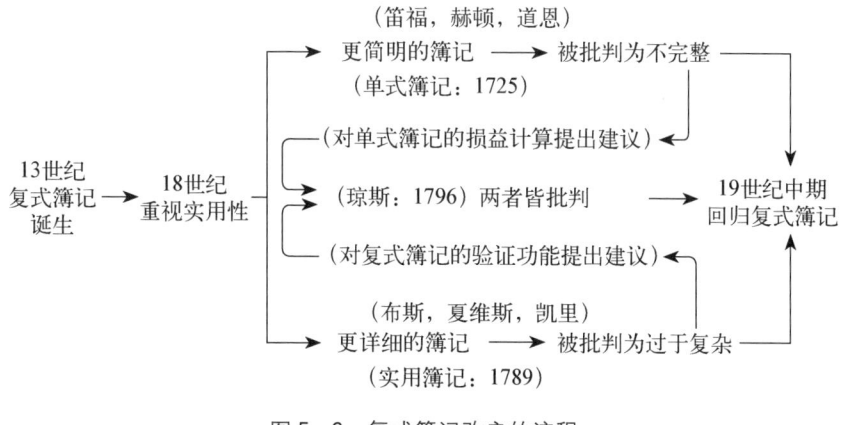

图5-3 复式簿记改良的流程

---

① 关于这一点,请参照渡边[1993]第6章以后的内容。

琼斯的英国式簿记

琼斯的簿记书是由正文 29 页、记账例示 28 页(分类日记账 11 页,总账 17 页)和预约购买者名单 16 页构成的合计仅 73 页的小册子。当时的图书,不同于今天,多以预购为主。琼斯宣称自己著作中提议的簿记法,是用简明、具有检查错误功能的出类拔萃的新方式代替了复杂、有缺陷的意大利式复式簿记的英国式簿记,使他赢得了很多预约。

这一宣传取得了良好的效果,尽管预订金为 1 英镑 1 先令,在当时也相当昂贵,但预约者据说已超过 4 000 人①。如果将当时的 1 英镑 1 先令换算成现在的货币价值,大致在 10 000 到 13 000 日元之间②。因此,预约金总额将超过 5 000 万日元。③ 同我们好不容易写成的会计专著相比,简直是天壤之别。

这本书共印刷了 16 版,以美国版(1797)为首,还被译成了德语(1800),法语(1803),意大利语(1815),西班牙语(1815)等各国语言,从中可以看出这本书当时的受欢迎程度。此书虽然在销售额上取得了很大的成功,但最终,被批判与复式簿记基本没有区别,如无果之花一样不到半个世纪就消失了。

琼斯式簿记法的特点

琼斯的英国式簿记的特征之一是将传统的意大利式复式簿记中使用的日记账、分类账、总账 3 个账本制改为分类日记账、总账 2 个账本制。

---

① Yamey [1956], p.313.

② 这笔 1 英镑 1 先令的订金,要换算成现在的价值是 60 到 80 倍(波特著,目罗译[1996] xviiii - xix 页)。1 英镑换算成 185.4 日元(2015 年 7 月 10 日汇率),从 10 968 日元变成 14 624 日元,该倍率为 1990 年的数值,如果换算成现在的物价指数(约 1.056 倍)来考虑的话,约为 14 000 日元至 15 000 日元左右的预约金。出版的预约从前一年的 1795 年开始进行,尽管相当昂贵,但据说预约者超过了 4 000 名(Yamey [1944], p.407)。真是一本当时受到了好评的书。按照目前的货币价值换算,预约金总额约为 5 000 万日元至 6 000 万日元。

③ 按照 2020 年 3 月 1 日汇率,10 000 到 13 000 日元换算成人民币大约是 650 元至 850 元之间,5 000 万日元换算成人民币大约 300 万左右。——译者注

在这一点上,琼斯簿记法与单式簿记相同。但是,把这个分类日记账改良成 3 栏(中央配置摘要栏,左边是借方,右边是贷方),就有了新方式的特征①。总账也在中央设有摘要栏,左侧设有借方 4 栏(1—3 月、4—6 月、7—9 月、10—12 月),右侧设有贷方 4 栏②。因此,其在解决复式簿记难以理解的同时,也解决了单式簿记无法计算损益的缺陷。

与此同时,复式簿记和单式簿记两者都很难找出记账错误或不正当行为,他主张说,在自己提倡的英式簿记中,最大的优点是能够防止这些情况发生。在此基础上,他把旧式的(简单的单式簿记和复杂的复式簿记)和新式的(琼斯自己设计的英国式簿记)进行了对比,强调自己的英国式簿记是多么优秀③。

复式簿记和单式簿记的分工

800 年的时间里,支撑着会计计算系统的复式簿记作为企业损益计算手段而诞生,后作为其简便法,在 18 世纪的英国,为当时的小规模零售商和学院教师们诞生了简单易懂的单式簿记。两者虽然记账对象不同,却各自发挥着存在的意义。

但是单式簿记最终因为具有无法计算损益这个最大的缺陷,在 19 世纪所得税法实施后,虽然也有人设法使其具有部分的计算损益功能,但还是逐渐失去了其存在的意义。但是,可以说是单式簿记将诞生以来延续 500 年以上的日记账→分类账→总账的三账簿制转换为今天的分类账→总账双账簿制。

作为复式簿记的简式而诞生的单式簿记,是代替损益计算的交替计算的单纯记账法,与今天一般理解的以现金收支簿记为代表的、单纯为了现金管理的单记式记账法存在本质不同。复式簿记的损益计算的特征是

---

① Jones [1796], Day-Book.
② Jones [1796], Ledger.
③ Jones [1796], pp.14－16.

从流量和存量两方面进行的，但是在英国设计的单式簿记从两个维度把握交易，因此从重复记录的意义上来说，其绝对不是单式簿记。

因为不是从交易所持有的流量和存量的两个方面进行记录，而是只从存量单方面的侧面，而且仅限于债权债务进行余额计算，所以称其为单式簿记(single entry)吧。由于被称为单式簿记(single entry)，所以容易被认为是借方或贷方中只有一方的记录系统，但绝非如此。这里使用的"single"，可以说是意指简单。从复式簿记中诞生的作为简易簿记的单式簿记，不是以损益计算和财产管理为目的的记账系统，而是通过复式记账，为小规模零售商户设计的用于债权债务管理计算的，也就是记录信用交易的记账系统。

不像通常理解的那样，是从单式簿记进化成复式簿记，而是从复式簿记演变成单式簿记，这是千真万确的历史事实。

第六章

会计的首要作用:

是受托责任还是信息提供

第一节　公认说法上的会计职责及其问题所在

第二节　受托责任思维的原点

第三节　国际会计准则和利特尔顿所主张的受托责任的不同

第四节　受托责任也是为说明责任提供信息

第五节　信息的可靠性和有用性

第六节　会计的职责是损益计算

第一节　公认说法上的会计职责及其问题所在

会计作用的变迁

一直以来，会计的作用分为管理计算功能即财产维护功能（管理中心主义）和价值计算功能即损益计算功能（决算中心主义）两种①。但是，20世纪60年代以后，这两种功能就成了利害调整功能和信息提供功能。特别是20世纪80年代后半期开始出现的决策有用性方法下，提供信息的可靠性成为其次，产生了只要有用就好、只要有用就全部优先的风气占主导地位的状况。

也许是出于对这种过度强调有用性的重新审视，近年来以IFRS、IASB或AAA的一部分研究者和FASC为中心，与信息提供功能一起，对资本主履行受托责任（stewardship，会计责任）作用的重要性再次得到确认。其想法就是，只有能够明确说明责任的信息才能成为真正有用的信息。会计的作用不仅仅是提供对决策有用的信息，还在于经营者能够对股东履行受托责任的说明责任，如果忘记了这个作用，会计就没有立足之地。

最近 IFRS、FASB、AAA 的动向

关于受托责任的处理，在国际财务报告准则（IFRS）的2006年以前和以后，以及美国财务会计准则委员会（FASB）和美国会计学会（AAA）基础上设立的美国财务会计准则委员会（FASC）的最近动向和2010年以后 IFRS 新公开的概念框架的基本思维方式之间，产生了微妙的差异。

在这种国际形势下，日本也对会计的作用是对实际运用资本的经营

---

① 岩田[1955]8—9页。

者(受托人)的股东(委托人)履行受托责任(会计责任),还是向包括将来股东在内的股东提供对决策有用的信息进行了讨论。换句话说,会计的两种作用——受托责任职能和信息提供职能,似乎相互对立。

会计功能的分类

但是,从结论上来讲,我的观点是,在受托责任功能和信息提供功能方面,两者没有任何区别,都是资本的受托人(代理人或经营者)向资本的委托人(资本主或股东)提供有用的信息,以履行受托责任。在功能上,其属于同一范畴。

受托责任功能是指经营者为了对股东尽到自己的经营责任,对迄今为止的结果尽到说明责任。信息提供功能是指经营者为股东的投资决策提供有用的信息。两者在提供信息这一点上没有本质区别。如果硬要指出差异的话,受托责任功能可能指的是过去信息,提供信息功能可能指的是未来信息。但是受托责任的履行和提供有用的信息也不是不同的两个角色,两者都包含在相同的信息提供功能中,只是根据对提供信息的重点的不同或信息的质量不同而有所区别。从提供信息的角度来看,其被划分为相同的范畴。两者的区别仅仅在于提供信息的目的或侧重点的不同。

提供信息的可靠性第一,还是对股东的有用性第一,只是将信息提供功能分为了两种。说到底,受托责任功能定位于与信息提供功能对立的角色,并不是合理的。因此,会计的作用,如果严格理解,被分为损益计算和信息提供两个功能,在此基础上,后者还应进一步分为以履行受托责任的可靠性为基础的信息提供功能和以有用性为基础的信息提供功能这两种(参照图 6-1)。会计的根本作用,归根到底是损益计算。

信息提供功能是次要的

当今会计的历史研究,以支撑其利润计算系统的复式簿记的诞生为出发点。人类智慧创造的最高杰作之一复式簿记产生于 13 世纪初,经过大约 100 年的时间，作为利润计算的技术而被完善。即否定血亲，由第三者之间规定期间而结成的佛罗伦萨的合伙企业（期间合伙企业）的出现，将原本只是单纯的债权债务备忘录的复式簿记根据利润分配的必要性升华为计算损益的记录系统。

通过实地盘存得出的毕兰奇奥，为了验证其利润的准确性，通过以持续记录为基础的集合损益账户进行证明而成立的就是复式簿记。因此，会计本来的首要功能是以持续记录为基础的损益计算，信息提供功能在于向利益相关者提供由此计算出的利益信息。

因此，这种信息提供只能起到损益计算的次要作用。因此，根据作为被提供信息的利润应该看作是怎样的利润，其作用也大不相同。信息提供功能，根据是对股东受托责任提供充分的信息还是对投资决策者提供有用的信息，可分为可靠性基础信息提供功能和有用性基础信息提供功能两类（图 6-1）。

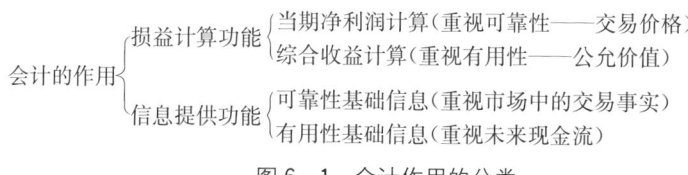

图 6-1　会计作用的分类

在本章中，基于这些点，详细说明近年来被提出的受托责任功能和信息提供功能之间的关联，并对会计原本的作用进行再探讨。

第二节　受托责任思维的原点

受托责任和借方、贷方的含义

众所周知，现存最古老的账簿是 1211 年，佛罗伦萨一位银行家在博洛尼亚的圣·布洛科里定期集市上所记录的账簿。贷款的银行，即交易的主体是贷主(贷方),贷款的客体是借主(借方)。利特尔顿的想法是,将这个借方(de dare=must give=debitor)和贷方(de avere=must have=creditor)的想法置换为资本的委托者(所有者)和受托者(代理人)的关系,这个代理人和所有者的单纯的受托责任关系不久后将以资本为媒介发展为复式簿记[①]。

利特尔顿关于复式簿记生成的想法已经在第 5 章中叙述过,在这里重新强调一下:"为了实现完整的簿记,除了均衡性和双重性以外,还必须添加其他要素。这个追加的要素,不用说,就是资本主关系(proprietorship),即对所属财产的直接所有权和对产生的收益的直接要求权。缺乏这个要素的时候,账目记录(记账)只不过是把相互对应的记录内容概括成适当的形式而已。"[②]他还称"这样的利润计算才是完整系统的簿记的职责,人们称之为复式簿记。"[③]

问题是,片野的译著中,将利特尔顿的"proprietorship"翻译成资本主关系。也就是说,资本主关系这一译语并非作为复式簿记的生成因素,而是作为会计作用的受托责任关系的主张依据,这难道不是今天混乱的出发点吗?利特尔顿所说的"proprietorship"是把资本作为复式簿记的生成要素,即利润计算的基础,而不是受托责任本身作为复式簿记的生成因素。从术语"资本主关系"联想到的是,出资者(资本出资者=股东=委托者)和经营者(资本运营者=代理人=受托者)的关系,最终是经营者有必要对出资者履行会计责任。当然,受托责任或履行会计责任,在考虑作为会计成立原点的可靠性时,是极其重要的因素。

但是,受托责任对于会计来说很重要和复式簿记生成的主要原因在于受托责任,根本就是两回事。作为支撑会计利润计算的计算结构,复式簿记的首要作用在于计算损益。虽然不是《圣经》上的话,但是"首先计算

[①] Littleton [1966], p.13.片野译[1978]45,70—71 页。
[②] Littleton [1966], p.26.片野译[1978]45 页。
[③] Littleton [1966], p.27.片野译[1978]45 页。

损益"。向股东提供确定的利润的信息提供功能可以说是次要的作用。提供的利润是否是可靠的利润,又是否是有用的利润,是损益计算之后产生的问题。

所有权的意思

利特尔顿在上述说明之后立即将"proprietorship"解释为"对所属财产的直接所有权和对所产生的收益的直接要求权"[①]。也就是说,他所主张的"proprietorship",是对所属财产的所有权、资本的所有关系。换句话说,其指的是资本提供者所拥有的利益的所有权,即对利益的直接请求权。

尽管如此,由于将"proprietorship"翻译成了资本主关系,后来因译词而产生的混乱中,资本主和代理人的关系,即代理人对资本主的说明责任的重要性得到了关注,和受托责任(stewardship)结合,与复式簿记的生成因素相关联,作为会计的基本作用,受托责任的重要性也开始被强调。

代理人对会计报告负有说明责任,也就是说,履行受托责任是很重要的,这不言而喻,但是,说这个受托责任是复式簿记的生成因素,未免有些逻辑跳跃和混淆。

利特尔顿所说的受托责任

利特尔顿在分析复式簿记的生成过程时,提出了复式簿记生成的前阶段,即12世纪初在英国登场的庄园会计(或仓库会计)中的责任的受托(charge)和责任的履行(discharge)的关系,也就是说,作为受托者的财产管理人和作为委托者的庄园领主之间产生的对财产的管理和运用的说明责任的想法。这个想法正是近年来经常被国际财务报告准则(IFRS)和AAA的财务会计准则委员会(FASC)不断主张的受托责任会计的想法的由来。与今天受托者(经营者)为了对委托者(出资者)履行基于复式簿

---

① Littleton[1966],p.13.片野译[1978]45页。

记的损益计算结果的会计责任而进行的报告行为不同。

利特尔顿将这种"charge"和"discharge"的想法理解为经营受托制度(managerial stewardship),并解释说,这是在复式簿记(proprietary bookkeeping)之前的代理人簿记(agency bookkeeping)阶段产生的想法[1]。利特尔顿认为,在该代理人簿记中引入资本这一概念时,单纯的债权债务备忘录发展为以资本增减计算为基础的复式簿记。今天受托责任会计思考的出发点就在这里。

英国庄园会计不是复式簿记的起源

英国最古老的财务记录据说是 1130 年左右,是当时王室会计局(exchequer,相当于现在的财政部)记录应付给领主的土地费用和税金的账簿[2]。另外,英国庄园会计中使用的"信托财产的经管及支出情况"(charge-discharge statement)有时会被认为是复式簿记的萌芽形式。

但是,这只不过是管理人员对庄园领主履行自己的说明责任,对责任的受托(charge)和责任的履行(discharge)进行说明的报告书,绝不是以复式簿记为基础的会计记录。如前所述,复式簿记是以资本账户为顶点,形成账户之间封闭的系统化体系后才能成立的计算损益的方法。即使从两个维度来理解,单纯的财产管理记录和复式簿记也是不同的。

如查特菲尔德所述,该信托财产的经管及支出情况(charge-discharge statement)是代理人关于责任受托和履行的报告书。据说在 15 世纪的苏格兰,政府的会计官在房地产会计中使用此法,后来被英国的庄园(steward)采用。管理人员广泛使用此法是在 300 年后[3]。

从责任受托和履行责任两个方面记载的报告书这一单纯的理由来看,虽然也有将其视为复式簿记的原始形式的解释,但这种想法只能说是

---

[1] Littleton [1967], p.79-82.大冢译[1966]115—120页。
[2] Chatfield [1974], p.21.津田,加藤译[1978]25页。
[3] Chatfield [1974], p.25.津田,加藤译[1978]31页。

错误的。可以说,"也许我们在中世纪的簿记中要求了太多超出事实的东西。会计的持续性、可比性等现代道理,在'当时的信托财产的经管及支出情况'(charge-discharge statement)中几乎不存在。"①

受托责任和会计责任

利特尔顿将受托责任视为经营受托制度。但是,在 IASC 和 IASB 的概念框架中阐述的受托责任概念,被拥护历史成本的人认为是负责管理和保全受托资本的概念。而站在拥护公允价值立场上的主张者认为,其不仅仅是具有管理和维护受托资本的责任,还具有有效利用受托资本的经营责任②。

这样看来,即使资本的受托人(经营者)对委托者(股东)负有会计责任是不言而喻的,但这里的受托责任实质上是单纯的财产管理维护责任,还是涉及其管理运用的责任,却出现了这样两种解释,结果产生了一些混乱。

会计责任的分类

为了避免这种混乱,首先,要在概念上明确受托责任的用语,我将会计中的说明责任分为会计责任(accountability)和受托责任(stewardship)(图 6-2)。

会计中的说明责任 { 会计责任(accountability):对受托资本的管理维护的说明责任;历史成本
受托责任(stewardship):对受托资本的管理运用的说明责任;公允价值

图 6-2 会计中的责任分类

这里的会计责任,如图 6-1 中显示的那样,是信息提供功能中以可靠性为基础的信息提供(市场上重视交易事实的信息)的说明责任,与此相对,受托责任是以有用性为基础的信息提供(重视未来现金流的信息)

---

① Chatfield [1974], p.28.津田,加藤译[1978]34 页。
② 关于这一点,德贺芳弘先生在邮件中提出了宝贵的意见。在此表示谢意。

的说明责任。有用性有时也与可靠性相矛盾,因此受托责任和会计责任也有不同的作用。

说明责任和会计责任

一般来说,"accountability"被翻译成说明责任。这时的说明责任,不一定仅仅是指会计上的说明责任,而是对于某个特定的行为为什么会采取这样的行动,关于为什么做出这样的决断,行动者要对社会和受其影响的特定个人进行负责任的说明。其并不仅仅是为了履行会计责任的说明行为。因此,即使同样被称为"accountability",在一般使用的说明责任和在会计上的说明责任(称之为会计责任)时,对两者有必要作区别考虑。因此,我们在使用说明责任这一概念时,特别是在履行会计上的说明责任时,最好将其与一般使用的说明责任分开,称为会计责任。

考虑到使会计诞生的根本出发点在于可靠性,提供能够履行会计上的说明责任的信息,只有能够承担责任的、能够被信赖的信息才是对决策真正有用的信息。不要被近年来IASB和FASB所提倡的变化无常的概念框架迷惑,重要的是要切实重视会计本来的功能,即以可靠性为基础的信息提供功能。

受托责任和会计责任的不同

关于受托责任和说明责任,岩崎勇阐述了两者的不同:"'受托责任'(stewardship),主要以英国等为中心,对受托(charge)的财产,如何履行作为管理者(经营者)的忠实义务和善良管理人注意义务,其履行结果是通过制作和显示财务报表(必要时接受审计)来完成(discharge),这种观点原本始终站在财务报表的编制者一方。另一方面,作为与此类似的概念,有术语'会计责任或说明责任'(accountability),这主要以美国等国家为中心在使用,和受托责任的意思差不多,但忠实义务与善良管理人注意义务的观念,与受托责任相比,有时并不强烈。"①但是在这里,会计责任和说明责任几乎是同义使用的。

但是,他的解释可以理解为受托责任的角度是在于财务报表的编制者一方,会计责任的角度并非一定如此,那么其解释依据何在,这有些值得商榷。如果这里所讨论的受托责任的视点在编制者一方,那么为了履行说明责任的会计责任也在编制者一方。两者在委托者对受托者的会计责任这一点上,难道没有本质上的差异吗?

第三节　国际会计准则和利特尔顿所主张的受托责任的不同

受托责任(stewardship)概念

如前所述,受托责任(stewardship)这一概念是利特尔顿在说明在复式簿记生成之前的代理人会计时所使用的概念。其是指 12、13 世纪英国的庄园会计,庄园的领主对财产管理人(steward)委托了自己全部的领地的财产维护和管理运用,即财产管理人的职责。

所谓的受托责任(stewardship)本来不只是表示受托的全部财产或资本的单纯管理维护的用语,除此之外,还包含了涉及管理和运用的广义的概念。英国中世纪的国王和贵族的工作主要是战争,一般地说,其自身并不管理和运用自己的财产、资产。因此,使财产和资金增值是管理人和管家的责任。因此,他们为了在必要时向国王和领主尽到自己的说明责任,制作了报告书。

IFRS 和 FASB 认为的受托责任

国际会计准则委员会(IASC)、国际会计准则理事会(IASB)和美国

---

① 岩崎[2015]83 页。

财务会计准则委员会(FASB)对于这个受托责任(stewardship)，借鉴了前面的用法，其认为受托责任不仅仅是对受托财产的管理和维护，还要负责财产的运营。说起运营，就不仅仅是需要单纯的过去的信息，未来的信息也非常必要。在包含将来预测计算的说明责任这一点上，其与把被委托的财产的管理维护作为第一要义的传统的说明责任(accountability)不同。

IFRS 和 FASB 在近年来重视有用性的立场上，同样在会计应尽的责任的情况下，认为会计不仅要对传统财产的维护管理负责，而且还要积极参与到财产的运营中，以此来履行责任，以这样的想法为背景设定了国际概念框架。

概念框架的作用

众所周知，国际财务报告准则(IFRS)采取的立场是原则主义而不是细则主义。所谓原则主义，绝不是只定个大概，后面的细枝末节擅自制定。正因为是原则主义，才需要成为各国个别会计准则的指针，以及作为具有整合性的基本想法基础的概念框架。

本来，概念框架可以说是和以往的会计原则一样，应该成为各国的会计实务指南。某种意义上，只要没有特别的情况，应该成为不能随意变更的且具有统一性的规范性准则。但是，现实是，这个应该作为规范的概念框架，是根据当时情况的变化，每年以讨论资料或公开草案的名义进行修改的，未必能在那里找到统一的方向。

有用性是至上原理吗

因为在今天的有用性方法的基础上，也就是说，只要是在决策上有用的就优先一切，如果是违背自己利益的原则，就会很容易连这个原则都改变的倾向非常强烈。结果不符合有用性的概念框架变得无用，有时甚至是有害的，根据利益相关者的需要，朝令夕改的倾向很强烈。

因此，概念框架很难作为各国会计准则设定的指南发挥作用，时时刻刻受到有用性的影响，甚至被认为失去了作为指南本来的意义。这样的概念框架，难道需要吗？甚至认为，把概念框架换成有用性不就好了？

资本主概念与受托责任

前面已经提到过，片野一郎在翻译利特尔顿的《1900年以前的会计发展》时说："资本主概念（proprietorship）是复式簿记发展中具有决定性的重要要素。"①他把对复式簿记的生成最重要的"proprietorship"翻译成"资本主概念"。结果，由于今天 IFRS 的公开草案等讨论的受托责任概念，与利特尔顿的"资本主概念"（proprietorship）以及作为这个概念基础的受托责任（stewardship）都息息相关，对会计提供信息的说明责任，即新的意义上的受托责任再次受到关注。

利特尔顿所说的受托责任指的是，在复式簿记完善之前，即通过交易的持续记录实现损益计算之前的、在他所说的代理人簿记阶段，受委托管理庄园的财产管理人向委托者的领主制作报告书，为了说明责任通过报告书来履行受托责任的职责范围。因此，这种受托责任的理念，不仅仅是对受托财产的管理维护，是比涉及管理运营的说明责任（accountability）更广泛的理念。

重要的是，在通过持续记录所做成的损益账户来证明通过实地盘存做成的毕兰奇奥的利润过程中完善了支撑会计利润计算结构的复式簿记，这一点是不可忘记的。由于单凭实地盘存的利润缺乏可靠性，所以为了通过基于客观事实的交易记录来验证毕兰奇奥的利润而得以完善的是复式簿记，为了使经营的受托人对出资者尽到说明责任，从而为了确保可靠性而进行的行为就是会计责任。会计的出发点，在于这种可靠性。

---

① Littleton［1966］，p.165.片野译［1995］255 页。

资本主概念的本质

正如我之前反复说过的那样，与此相对，利特尔顿为完善复式簿记的最重要因素而定位的资本主概念，本来是资本的所有权或者合伙企业的意思。这是为了主张资本的所有由个人或者合伙拥有，作为计算所拥有的资本的增减、计算企业损益的系统才诞生的复式簿记而使用的概念。这个概念是用来阐明日常交易中单纯的债权债务备忘录（代理人簿记）如何演变为计算企业总损益的系统，即复式簿记（资本主簿记）进化而使用的概念。

因此，对于他主张的复式簿记的诞生来说最重要的资本主概念，不是为了强调受托责任而使用的概念，而是为了说明基于资本所有权的损益计算的重要性而使用的概念。

在这个资本主概念的前阶段登场的是受托责任。因此，受托责任是复式簿记成立前的概念，不宜将其定位为会计的基本作用。利特尔顿强调，资本受托者为了对委托者履行说明责任而诞生的代理人簿记，向作为进行损益计算技法的复式簿记进化的最重要的因素是资本主概念，即企业的所有者，也就是资本的所有权或所有关系。必须注意的是，资本主概念并不意味着说明责任。这一点，与杜·鲁瓦认为在复式簿记的三个生成要素的基础上产生了损益计算的合伙的观点并没有本质上的不同。

第四节 受托责任也是为说明责任提供信息

信息质量的不同

一般所说的受托责任会计，从经营受托人对代理人（股东）委托的资产和资金的维护和运营承担说明责任的意义上讲，提供信息是受委托者为了对委托的财产管理和资金运营结果履行自己的受托责任。本来是针对结果的会计责任，但在为了履行说明责任而提供信息的意义上，可以说会计是以发挥与所谓的信息会计相同的作用为目的。受托责任会计在信息会计及其功能上，并不是被归为不同范畴的概念。

但是，从受托责任的理念来看，本来就不是站在今天的决策有用性方法论上看待信息的使用者要求的有用性最优先，而是在明确说明责任的基础上，只提供以可信度为基础的信息。在这一点上，即使是包含了预测的、不确定的信息，只要是被要求的信息，就必须提供。在决策有用性方法下的信息提供和重视可靠性的信息提供两者之间，无论是信息的质量还是内容，都有很大的差异。如果以可靠性为基础，应该提供的就是客观的、任何人都可以验证的现实信息。与此相对，如果重视有用性，即使有一些不确定因素，包含着今后会变成怎样的预测的未来信息也比单纯的过去信息更有效。

过去会计和未来会计

正如上面所述的那样，受托责任会计在对提供的信息具有说明责任这一点上，与以有用性为第一的信息会计相比，其提供的信息质量是不同的。其分歧点是基于交易事实的过去信息或者现在信息，还是包含未来期望值的、不确定的预测信息。

与管理会计被称为未来会计相反，财务会计被称为过去会计。作为过去会计的财务会计开始参与未来的预测，是进入20世纪60年代以后的事。从对资产本质的一般解释"企业拥有的有形和无形的财务权利"开始，例如，将巴特等主张的未来现象发生改变的"service potentials"（服务潜力）[①]等与近年来突然流行的 IFRS 所说的"发生可能性高的未来经济利益"概念联系起来，是从以未来现金流作为资产负债表价格时开始的。其结果是，在作为过去会计的财务会计框架中，未来的预测计算逐渐嵌入，提供信息的可靠性也开始出现分歧。因为预测终归是预测，并不总是

---

① Vatter［1947］, p.17.

会成为现实。

可靠性的再确认

根据事实，无论何时何地，谁都可以验证的、正确的、可以信赖的事实信息中导入未来的预测信息的做法开始出现了。会计信息被置于决策无用则无意义的大前提下。那么提供未来信息是会计的本职工作吗？这是一个很大的疑问。这是因为，基于预测的未来计算是金融学的世界，绝不是财务会计的学问领域。

在这种情况下，从2007年左右开始，AAA旗下的FASC不仅重视有用性，还重视信息方面的受托责任，并认为作为财务报告的质量特性，该受托责任是有用的[1]。

IASB和FASC的区别

在2007年金融危机爆发、2008年雷曼冲击之后，FASC恢复了2006年在预备意见中被删除的受托责任[2]。冷静地思考一下就会发现，对于提供的信息，负有受托责任是理所当然的，但它绝不是与信息会计对立的概念。在向利益相关者提供可靠有用的信息这一点上，受托责任会计和信息会计没有什么不同。两者是包含在同一范畴中的概念。

但是在今天的决策有用性方法的基础上，当过度强调向股东提供有用信息的功能时，如果是被要求的信息，即使是不可靠的、不确定的信息，也会倾向于提供。这样，一旦这个有用性开始独立，在满足投机者需求的大前提下，即使不是过去的业绩，而是不确定的预测信息，提供"今后会怎样"这样未来信息的倾向会越来越明显。这种为了满足股东的需求而提供的信息内容发生了变化，如果不怕引起误解的话，那就是决策有用性

---

[1] 岩崎[2015]71—73页。
[2] AAA[2007], p.231.

方法。

根据 2010 年发布的 IASB 和 FASB 共同制作的最终报告可以看出，虽然将可靠性的表现形式改为"忠实表现"，但仍保留了其实质面貌。但是，FASB 认为，2015 年 IASB 的公开草案没有步调一致，有可能觉得这会成为影响有用性的绊脚石吧，总之其对可靠性（忠实表现）的恢复表现出慎重的态度。

让现实迎合预测的虚假报告

其结果是，预测不准时，不是根据现实来修正预测，而是让现实迎合预测，向不应该存在的方向发展。这是虚假报告（粉饰），这是过度强调有用性方法的弊端。重要的是，不要被眼前的有用性迷惑，要回到会计诞生原点的可靠的、正确的损益计算上来。只有提供正确的利益信息，这个信息才有用，才保证了信息的有用性。根据预测的臆想信息不可能有用。

即使用尽所有数据，无论怎样严谨而周密地计算，预测终究是预测。现实绝不总是按照预测走的，现实就是经常发生意料之外的事情。从这个意义上讲，用利特尔顿式的说法就是，回想起作为复式簿记生成的前阶段的受托经营制度的说明责任，再次把重点放在可靠信息的提供上，这难道不是当今会计上极其重要的课题吗？

第五节　信息的可靠性和有用性

提供可以说明责任的信息

支撑会计利润计算结构的复式簿记之所以得到完善，本来是由于合伙的出现，合伙成员相互之间出现了利润分配的需要，因此需要持续记录通过实地盘存做成的毕兰奇奥利润，即通过基于复式簿记的集合损益账户的利益来进行验证。每天的持续账簿记录，是以现实市场中交易的实际价格为基础进行。因此,在基于现实交易的准确记录这一点上,可以保证事实性、客观性,通过作为实际交易记录在账簿上,可以保证可验证性、透明性。基于这两者支撑的可靠性的损益计算才是会计的基础,同时也是会计最大的作用。

从这个意义上讲,会计对提供的利润信息负会计责任,经营者对出资者承担受托责任。经营者并不只是追求向股东提供要求的信息的有用性,而且为了对提供的信息履行受托责任,提供能够承担会计责任的准确可靠的信息即信息的可靠性是大前提。提供的信息不能存在操作性和不对称性。

经济学(价值计算)和会计学(价格计算)的区别

从20世纪60年代左右开始逐渐强调提供有用信息的功能,会计的作用发生了很大的变化。而且在今天的决策有用性理念的基础上,产生了信息内容从价格计算(会计学)向价值计算(经济学)的转变,或者说从事实计算向期待计算转变的状况。关于这一点,我们应该铭记利特尔顿的话:"会计并不重视财富的质量方面。……更确切地说,会计的对象可以是价格(即财富的数量方面),而不是价值(即财富的质量方面)。"①

对投资决策有用的信息并不是过去以多少价格购买的信息,而是现在出手的话会以多少价格出售的信息,即资产的当前价值,极端地说,就是提供清算价值的信息。投资者关心的不是现在拥有的资产的历史成本,而是现在的市价,即公允价值。投资者关心的是提供信息的内容,即企业利润是根据市场上实际交易的价格进行评估,还是根据该资产将来带来的经济利益价值进行评估。这两者之间的差异在于:前者是会计学上的价格,后者是经济学上的价值。

重要的是认识到会计学和经济学的区别。现实是无论多么有价值的

---

① Littleton [1967],7th ed. (1st ed. 1953) p.9,大冢译[1966]15页。

东西,如果出售后不及时入账,企业就不能生存。会计学和经济学两者对利润乃至价值的看法,存在很大的差距。

会计利润不能画饼充饥

由于国际会计准则的引进,对于会计来说重要的信息不再是传统会计上的已实现利润(当期净利润)信息,而是转换成包含某一瞬间的未实现利润的企业价值(综合收益)信息。但是,对于会计学来说,重要的不是价值,而是价格。即使本身有价值,如果卖不出去,或者是卖了收不回货款,也不过是画饼充饥。画饼充饥既不能给职工发工资,也不能开出已到付款期限的票据。对会计来说重要的信息不是包含未实现利润的综合收益信息,而是能够在现实中使用的已实现利润,即当期净利润信息。这一点不可忘记。难道不是到了该重新认识会计中"实现"概念的意义的时候了?

虽然有点偏题,但今天让我们试着再来思考一下,处于决策有用信息的中心位置、取代当期净利润的公允价值(fair value)。在2006年9月发表的美国财务会计准则(SFAS)第15号的段落五中,提出了公允价值的概念,是这样定义的:"在计量日的市场参与者之间的有序交易中,通过出售资产而收取的金额,或者为了支付或转移负债而支付的金额。"在日本,一般指市价(脱手价格)。美国财务会计概念公告(SFAC)或者 SFAS 及国际财务报告准则(IFRS)规定,衡量资产价值的公正尺度是市价。谁也不会对公允价值计量有异议。

公允价值的陷阱

但是,究竟是谁把公允价值定为了市价呢? 不深入讨论这个最重要的问题,就把公允价值作为一个给定的东西来决定,就是今天计量问题的一大漏洞。重要的是寻求什么是公允价值的具体计量属性。如果是经济学领域的话,以"公允的价值进行计量"来结束也没有问题。但是,在会计领域,如果不明确计量公允价值的尺度,即明确计量标准,就不能将该资产的价值确定为资产负债表中的价格。

对会计学来说,从经济学的角度看无论多么有价值的资产,能否在现实中出售并得到其等价才是最重要的。不管对将来的现金流是如何期待的,实际上也不能保证在将来能够兑现那个被期待的现金流。经济学也许是抽象的价值世界,但会计学是具体的价格世界。而且在市场上,如果不按其价格进行实际交易,则毫无意义。这就是在计量会计利润时"实现"这个概念成为最重要关键词的原因。如果只强调有用性,忽略实际实现后才能得到的可靠性信息的话,无论什么信息,都不能成为具有会计信息意义的信息。

从个人所有者到股东

进入19世纪后,许多近代的股份公司以铁路业、制铁业、煤炭业为中心相继成立。与此同时,资本的所有制关系从个人到合伙,不久就转变为股份公司中的股东和经营者的关系。在此过程中,在编制财务报表时,为了筹措资本,强调提供对股东的投资决策有用的信息。其结果导致人们对会计成立以来的主要作用——损益计算功能的认识倒退,信息提供功能被推到前面。在今天的决策有用性理念的基础上,如果只把焦点放在信息的有用性上,就容易忘记最重要的是损益计算。但是,对于会计来说,其最根本的作用是计算企业的总损益。所谓信息提供,是指提供基于现实交易的持续记录所要求的客观、可靠的利润信息。

首先存在的是损益计算,之后才是将计算出的损益提供给利益相关者。从这个意义上讲,首先是要计算损益,然后提供这样得出的损益信息。因此,提供信息始终发挥次要的作用。但是,重要的是,提供的损益信息的内容和质量在可靠性和有用性之间摇摆不定,很难做到平衡。应该提供的信息到底是价格信息(已实现利润信息=会计学)还是价值信息(企业价值信息=经济学)?

第六节 会计的职责是损益计算

会计作用的变迁

笔者已经在本章的开头叙述过会计的作用,以前是管理计算和价值计算,后来是利益调整和信息提供,近年来又分为受托责任和信息提供两种,哪一种是主要作用,还在讨论中。

但是,受托责任功能在受托人(经营者)向委托者(出资者)提供为履行说明责任而提供的信息方面,也起到了与信息提供功能相同的作用。只不过根据是优先考虑对提供的信息承担说明责任或受托责任,还是把有用性放在第一位,两者有所不同,但在提供信息这一点上是相同的。因此,在功能上,会计的作用并不应分为受托责任功能和信息提供功能,应该分为损益计算功能和信息提供功能两种。根据信息提供功能中的信息是可靠的受托责任的信息,还是包括预测的对投资决策有用的信息,进一步归类为可靠性基础信息和有用性基础信息(参照图6-1)。

过度强调有用性方法的弊端

但是,在今天的决策有用性方法的基础上,过分强调向出资者提供有用信息的功能,其结果是造成有用性开始独立存在,这也是不争的事实。为了满足投资者的需求,提供的不是过去的业绩,而是不确定的预测信息,也就是他们所要求的"不是昨天,明天会怎么样?"已经到了重视提供未来信息的程度。其结果是,一旦预测错误,就有虚假报告(假账)的风险。可以说这是过度强调有用性方法的弊端。

本来,会计的作用是提供以交易事实为基础的可信赖的信息,而绝不是提供不知道未来会如何发展的期待值。不要被最近的有用性迷惑,要回到作为会计诞生的原点——被信赖的、正确的利润计算上来,这难道不是最重要的吗?在这个意义上,如果按照利特尔顿等所说的,比起复式簿记生成的前阶段的经营受托制度中的说明责任,把重点放在可靠信息的提供上比什么都重要。

会计的首要作用,说到底是损益计算。把其提供的损益看作是怎样的损益,会导致信息的内容一分为二。也就是说,根据其重点是放在可靠性上还是有用性上,会出现不同结果。这就是可靠性基础信息功能和有用性基础信息功能。

损益计算第一

如上所述,会计的作用首先是损益计算功能,其次是将所得出的损益告知利益相关者的信息提供功能。根据提供信息的重点是可靠性还是有用性,信息提供功能还可以分为可靠性基础信息和有用性基础信息两类,如图6-1所示。受托责任功能指的是以这里所说的可靠性为基础的信息提供功能,正因为是可靠的信息才有用。我绝对不认为用充满期待的数字武装起来的、散发着甜蜜蜜香味的信息有真正的用处。

会计提供的信息内容是根据企业活动的结果所得出的现实值呢,还是得出的将来期望值呢?前者的可靠性基础信息是以事实为基础所计算出的数值,因此可以说是能够验证的,能够保证客观性和可靠性的信息。与此相对,后者的有用性基础信息是以今后会变成怎样的预测为基础的未来信息带来的期待值。

因此,即使未来信息能够满足分析师和出资者的需求,但其客观性和可靠性也存在根本性弱点。即使是不确定的数值,如果股东的期望不是过去的数值,而是表示将来的预测数值,那么提供符合期待的信息才是会计的作用,这是决策有用性方法的基本。在会计学这个领域里,究竟哪一种观点比较合理呢?

从净利润到企业价值

当强调信息的有用性时，提供的信息内容就会从纯利润转变成企业价值，即企业将来可能产生的现金流除以现在价值后的数值。对决策有用的是将来的可能性，而不是过去的业绩。满足这一要求的不是显示过去业绩的净利润信息，而是设想明天可能获得的将来现金流的综合收益信息。由于该综合收益是根据公允价值来计算的，因此综合收益计算与企业价值计算的概念基本相同。

这个企业价值等于某一特定时刻的清算价值，清算价值计算否定了作为会计成立的基础前提的持续经营（going concern）。以企业价值计算（清算价值计算）为目的的计算结构果真可以被纳入会计的计算结构框架吗？如果被纳入，就等于超出了会计的边线。企业价值计算本来就是金融领域的问题。包括折现值评估在内的公允价值会计，可以说严重地脱离了800多年来传承下来的提供客观、可靠信息的会计框架。会计信息和金融信息是两回事。

提供信息也包括履行受托责任

利特尔顿设想的复式簿记的完善过程是，把初期的会计定位为单纯的债权债务备忘录，之后这个记录导致了财务账户和主人（资本主）账户的出现，形成了以双重记录的损益计算为中心的资本主关系。这个主人（企业主，后为股东）和代理人（责任人，后为经营者）的账户（代理人簿记）产生了资本（主）账户，资本与生产性商业资本结合起来进一步深化了账目记录。这就是复式簿记。

但是，受托责任会计在向代理人提供信息这一点上，当然也包括在信息会计之中。复式簿记成立的根源不在于代理人簿记，而在于合伙成员相互之间的利润分配。会计的作用不是为了满足投资者的需求而提供预测的未来信息。是不是在某个地方出现了歧义，使人们陷入了有用性比什么都重要的错觉？

在有用性终点,预测不准的时候,等待着我们的是根据现实调整预测,这样不应该有的、完全相反的行为。这就是虚假报告(假账)。正确可靠的损益计算才是会计的首要任务。今天会计不和谐的根源,就在这里。所谓信息提供功能,就是向所有人提供负责任的、客观的、可信的企业成果,即已实现利润信息。

会计的作用是损益计算功能和信息提供功能

本来,财务会计是过去会计。是不是因为吃了预测带来的不确定性这一禁果,使本来应有的会计严重变质了呢?重要的是,不要被画上看上去很美味的饼迷惑。从这个意义上说,现在重新审视在复式簿记生成之前的庄园会计阶段使用的、近年来在 IASB 和 ASBJ 中被重新提及的受托责任(stewardship)这一想法,可能是很重要的。

在本章结束之际,重新整理一下,会计的作用分为损益计算功能和信息提供功能两种,根据该信息提供功能是将信息的重点放在可靠性上还是放在有用性上,会计功能可进一步分为可靠性基础信息功能和有用性基础信息功能。但是,重要的是两者是交叉的,绝不是不同的受托责任功能和信息提供功能并存。如果只考虑有用性和功能性,就会产生看错最重要本质的危险。重要的是不要混淆功能论和本质论。

第七章

现代会计面临的问题

第一节 净利润与综合收益

第二节 实证研究与异常现象

第一节　净利润与综合收益

2015年9月6日至8日,日本会计研究学会第74届大会在六甲山麓的神户大学召开。大会最后一天作了题为《IFRS会议"基于IASB概念框架的重新审视"》的报告。会议主持人是小贺坂敦(企业会计准则委员会副委员长),莺地隆继(IASB理事)以"公开草案概念框架"为题,关口智和(ASBJ常务委员)以"FASB围绕概念框架的动向"为题,川西安喜(ASBJ理事兼FASB国际研究员)以"对IASB公开草案《财务报告的概念框架》的ASBJ争议"为题,分别作了报告。

在该会上,三人的报告,根据国际会计准则理事会(IASB)、美国财务会计准则委员会(FASB)、日本企业会计准则委员会(ASBJ)三者的最新动向,分别提出概念框架的问题点,特别是和利润概念联系起来进行了考察。

IASB 的公开草案的目的

2015年IFRS的公开草案中,作为财务报告的目的或财务信息的质的特性,分列出了目的相关性(relevance)和忠实表现(faithful representation)两种。另外,作为这两者的增强性的质的特性,草案举出了比较可能性、验证可能性、及时性、理解可能性这四个方面(莺地的论文)。另外,为了应对2013年公布的讨论资料的评论,草案恢复了受托责任(stewardship)、慎重性(prudence)、实质重于形式(substance over form)这三项。这些都规定了经营者向企业外部的利益相关者提供的财务信息,具体来说是对报告利润的内容或特性所作的规定。简单地说,就是关于向出资者怎样报告利润的草案。

面对反复出现的企业丑闻,为了评估经营者的社会责任强调提供必要信息的重要性的就是受托责任。对于慎重性，在不确定的状况下进行决断时要慎重，避免过高评估资产和收益，过低评估负债和费用。另外，关于实质重于形式，建议不要单纯地将其本质上的忠实表现作为法律约束力来看待，而应明确表述反映经济现象的实际情况（莺地的论文）。

也就是说，现有的概念框架规定的资产和负债的定义并不充分，需要更加明确。此次的草案关于因以往的不明确性对计量和报告披露等造成的影响进行了说明（莺地的论文）。一言以蔽之，就是草案明确规定了应如何提供有用的财务报告以及信息提供形式。

IASB 的公开草案的净损益

由于该公开草案的概念框架所示的净损益是通过资产负债观（资产负债方法）计算出来的，因此用什么样的尺度来衡量资产负债是最基本的。也就是说是按照历史成本（historical cost）进行评估，还是按照市价（current value）进行评估。用这两者中的哪一个进行计量的选择标准——在今天是有用性。但是，这种有用性实际上是一个非常麻烦的标准。之所以如此，是由于存在无数的信息使用者，有用的信息也就不同。对某个使用者来说是有用的，但对其他使用者来说可能是有害的。另外，如果只提供特定使用者要求的信息，则有可能使信息失真。因此，有必要提供隐没价值的、如实反映经济实际状况的信息（忠实的表现）。

这种忠实的表现概念原本是以提供信息的可靠性为基础的想法。其本质应该是不被信赖的信息绝对不能成为有用的信息。但是，换个角度看，可靠性这个术语，由于每个人判断的尺度不同，所以缺乏客观性。因此，作为能够更加客观地判断可靠性的方法而被提倡的就是这种忠实的表现。也就是说，只有通过具体的数字忠实地表现事实，才能最合理地计量可靠性的质的特性。

果真如此吗？所谓信任，本来就是人的心态问题，不是用经济公式等尺度来衡量的。不怕被误解地说，信任本来就是主观的。"你的信任对我来说值 100 万日元"这样用数字来代替信任又有什么意义呢？这样做，究竟什么是客观的呢？这是没有意义的事情。可信就是可信，可信与否的问题，与主观的还是客观的争论，是不同层次的话题。

如果只强调对某个特定利用者的有用性，就会对该信息所具有的客观性和价值本身产生怀疑。即使对特定的利用者来说是有用的信息，也会产生这样的担忧，即可靠性受到损害的信息绝对不能成为真正有用的信息。为了消除这一担忧，IASB 和 FASB 在 2008 年公开草案以后提出了增强质的特性，不仅仅是相关性，还有可比性、可验证性、适时性和可理解性等项目。受托责任重新登场的理由也在于此。不要忘记，会计之所以能够在 800 年的漫长历史中得以传承，并不仅仅是因为它有用，而是因为它是一种可靠的计算系统。

资产负债概念的改变

在资产负债观的基础上，由于利润是由资产和负债的差额决定的，因此关于两者的定义以及确认和计量的问题极为重要。

关于这一点，现行的 IFRS 将资产定义为"作为以往事项的结果而由企业控制的有望给企业带来经济利益的资源"，将负债定义为"企业过去的交易或者事项形成的、预期会导致经济利益流出企业的现时义务。"

但是，2015 年的公开草案将资产定义为"作为以往事项的结果而由企业控制的现时经济资源"，将负债定义为"企业过去的交易或者事项的结果而转移经济资源的现时义务"。无论是哪个定义，都删除了"未来的经济性利益"一词。乍一看，给人一种印象，似乎是为了更加重视可靠性和确定性，排除将来预测带来的不确定性，而进行了修正。果真如此吗？

确实，在 2015 年的公开草案的正文中有说明，虽然删除了术语"将来的经济性利益"，但为了补充这一点，所谓的经济资源是指"拥有产生经济利益的潜在能力的权利"(莺地的论文)。这样一来,在资产即服务潜力(service potentials)这一点上,与此前的定义基本相同。资产并不局限于单纯的企业所拥有的有形、无形的财产和权利,还可以将其视为带来未来现金流的服务潜力,这一点与此前的概念框架的看法并无不同。

FASB 的动向

目前 IASB 提倡的公开草案的主要概要如上所述。那么,FASB 目前对这些方面的动向是怎样的呢？关于这一点,川西在此前的报告论文上,就财务报告的目的、有用的财务信息的质的特性、财务报表的构成要素、确认、计量等五个项目,对 2010 年修订前的、2010 年修订的和目前正在进行修订的三者内容进行了比较。

根据 2002 年 9 月 IASB 和 FASB 达成的诺福克协议,推进了两者的合并,日本也在这之后的第 5 年,即 2007 年 8 月的东京协议中与两者同步。但是,随着 2010 年的修订与 IASB 协调后,围绕着在两者之间是采取原则主义还是细则主义,产生了分歧,这是众所周知的事情。

如今,FASB 不仅重视确认和计量方面,而且也重视在公示方面重要性的概念,在财务报告的目的和有用的财务信息的质的特性方面也强调了这一重要性。但是,关于重要性,现行的概念框架所考虑的"只要有一点点的可能性就全部公开(could)"的原则,在收到美国联邦最高法院的"如果有相当程度的可能性就公开(would)"的判决之后,可以说这个重要性的概念作为法律上的概念对概念框架有很大的影响(川西的论文)。

当期净利润和其他综合收益

一般来说,在日本将公允价值(fair value)称为市价。市价(current value)是指在市场上形成的交易价格(market value),在今天被认为是脱手价格(exit price)。脱手价格指的是出售资产时可能接受的价格,或转移负债时可能支付的价格。这个公允价值,即脱手价格计量的利润,就是综合收益(comprehensive income)。

当期净利润与公允价值的关系为,当期净利润加上其他综合收益(OCI)后是综合收益。如果用等式表示两者的关系,就是"综合收益＝当期净利润＋其他综合收益"。

其他综合收益是指综合收益中不包括当期净利润和少数股东损益的部分,具体包括:其他有价证券评估差额、递延对冲损益、汇率换算重新调整项目、退休支付相关的重新调整金额和适用权益法对公司的权益相应金额等影响当期利润的所有项目。

包括和综合的区别

过去在利润表上显示的利润分为当期业绩理论计算的利润和包括理论计算的利润两种。当期业绩理论采用了表示本期正常收益能力的方式,1974年修订后改为表示企业可处理利润的包括理论利润。这种包括理论的"包括",被称为"all inclusive",与今天的综合收益(comprehensive)中的"综合",虽然在日语中是相同的"包括",但英文名却不同。

FASB所说的新概念"comprehensive income"一词首次被介绍到日本时,用包括理论计算出的"all inclusive income"已经被称为"综合收益"。因此,为了与此相区别,当初"comprehensive income"使用了"综合性收益"这个翻译词。但是,随着"comprehensive income"这一术语逐渐被广泛使用,不知从何时起,它的日本翻译也逐渐将综合性的'性'去掉,被广泛称为"综合收益"。之后,说到综合收益,指的就是"comprehensive income",而不再是"all inclusive income"。

与此同理,首次发明电视机时,黑白电视机叫电视机,但后来彩色电视机出现了,刚开始被称为彩色电视机,渐渐地彩色电视被简称为电视机,到如今,电视机就是指彩色电视机。在今天,说到综合收益指的就是"comprehensive income",而不是指过去的"all inclusive income"。也可以说,"comprehensive income"把译语"综合收益"的老巢抢走了。

综合收益包括市价和汇率的变动差损益

现在的当期净利润，由于还包含当期以外的特别损益，所以被称为"all inclusive"利益，但与综合收益中的"comprehensive"多少有些不同。"all inclusive income"是不仅包括当期，还包括上年度修正项目等的特别损益的概念。其具体由上年度的折旧和准备金等前期损益修正项目、灾害损失和固定资产出售损益等临时项目构成，但不包括未实现的市价损益和汇率变动损益。

以包括理论为基础的当期净利润，虽说是包含所有内容的全部利润，但始终以修正因时间上的偏差而产生矛盾的项目为主。与此相对，在综合收益的项目中，包含由于修正资产本身的价值而产生的未实现的损益，即使两者都给人一种综合损益的印象，但当期净利润和综合收益之间存在着很大的差异。

纯利润是综合性的计量值

关口在第74届日本会计研究学会关于IFRS会议中的报告称："净损益表示对某一期间企业事业活动的不可逆性成果（irreversible outcome）的包括（all inclusive）计量值"（关口论文），将all inclusive翻译成了包括。这一点与当初的comprehensive income被翻译成包括利益（综合收益）的情况发生了逆转。

不过，由于现行的当期净利润中也包含了特别损益项目，因此显示了包括（all inclusive）损益。因此，与上述说明的"净损益表示对某一期间企业的业务活动的不可逆的成果（irreversible outcome）的包括（all-inclusive）的计量值"并不矛盾。也就是说，净损益和综合（性）收益没有不同之处。但是，这么简单的解释也可以吗？

不可逆转性成果

这里所说的不可逆转性成果，极其简单明了的解释就是，不确定的企业活动所产生的成果减少到无法复原的地步,因此意味着无限接近实现成果的利润,或者从风险中解放出来的成果。换句话说,净损益无限接近于已实现损益,也可以解释为与综合收益不同。但是,如果是这样的话,那之后的净损益是"包括(all inclusive)计量值"的说明令人担忧。如果按字面进行解读,其解释了净损益和综合收益的区别,因为需要表示净损益,因此也可以理解为其阐述了通过重新调整其他综合收益(OCI)进行利益表示的必要性。

换句话说,ASBJ的初步观点是,强调显示当前净损益的必要性,通过对OCI进行重新调整,不仅显示综合收益,还显示了净利润。也就是说,这表明了初步意见中的概念框架在实务界易于接受的意向。既明确了净损益和综合收益的差异,又通过重新调整显示两者,似乎让人觉得在提倡与国际会计准则的一致性。

这个观点同时通过强调当前当期净损益所具有的全面性,实质上使净利润和综合收益具有了相同的意义。如果尽可能将主要的OCI包含在净损益中,本期净损益和综合收益将是非常接近的金额。在了解"all inclusive"和"comprehensive"是被用在不同意义的前提下,在把净损益定义为"包括计量值"的背景下,可以看出双方的意图就是,试图将当期净损益作为与包括业绩指标的综合收益一样的指标。

当期净利润的综合收益化

当然,也许不一定能说可以看出ASBJ向IASB靠拢,但好坏暂且不论,同时也可以看出ASBJ的"不要落后于国际动向"的意向。即净损益和综合收益的接近。或许可以说是当期净利润的综合化。

过去以买卖为目的的有价证券的评估收益与今天不同,不是作为已实现利润计入当期的净损益。但是,现在这已经是很理所当然的事情了,它的评估收益不会作为OCI进行重新调整,而是作为已实现利润直接计入损益账户。其根据是,该价格由市场担保。但是,正如已经指出的那样,市场是如何的不完善[①]。

一旦被作为制度规定下来,虽然不是"好了伤疤忘了痛",但毫无疑问这种做法会理所当然地深深扎根于我们的日常生活。"如果是上级说的话就听从……",这种把自己周围一直存在的东西就视为是好的,难道就是日本人的天性吗?

这个和以交易为目的的有价证券同样的会计处理也扩展到其他的OCI,将大部分未实现的账面利润也作为已实现利润来处理的方法被制度化,最终不能保证不会出现上述情况。如果在不久的将来,剩下的OCI也不被重新调整,而是被编入净利润的话,实质上,净损益和综合收益之间的藩篱就会消失,或者变得无限低,不久就会出现两者一体化的状况。这样真的好吗?

ASBJ 的损益账户是拼凑账户

如果 ASBJ 在没有采用再重新调整这一缓冲措施的情况下,突然将当期净利润转换为综合收益,那么现阶段在日本国内恐怕还存在较大的阻力。因此,将主要的 OCI 逐渐计入当期的收益费用,只留下剩下的不那么重要的 OCI,在重新调整的名义下,虽说净损益和综合收益是不同的,但从实质上,我们看到了用综合收益取代传统当期净利润的趋势,这样说是否言过其实? 也不是不能有这样的看法。今天,以买卖为目的的市价评估差额已经毫无疑问作为已实现损益包含在当期净利润中。

如果是这样的话,像曾经的耶梅一样,不仅仅是收益和费用,连资产和负债也一并转记了,就像把复式簿记发生之初的集合损益账户称为"拼凑账户"(hotchpotch account),2015 年 ASBJ 所说的净损益,正是将迄今为止的主要 OCI 纳入进去的"拼凑账户"。其结果是,不计入净损益的剩

---

① Bromwich [1985],p.57.渡边[2014]281—282 页。

余 OCI 成为收益费用的"残渣"账户（废纸篓），可能难逃不久就会消失的命运。

对于会计来说，最重要的是计算出来的利润信息的可靠性。如果将未实现的评估损益包含在会计利润中，并将其作为有用的会计信息发送出去，那么人们早晚将对会计失去信任。会计学中的利润计量与经济学不同，它是价格计算，而不是价值计算。现在人们必须重新认识会计利润的实现意义。我强烈地感到，将不确定的预测带来的利润作为会计利润来计入的行为必须慎重。

为了不让历经 800 年悠久岁月传承下来的会计被经济学这片大海吞没，我认为再次明确产生复式簿记的客观交易事实和可验证性得到保证的可靠性的意义，也就是说，明确这里论述的会计责任（accountability）、受托责任（stewardship）拥有的真正意义和作用比什么都重要。

第二节 实证研究与异常现象

实证研究的意义

揭示会计学本质和作用的方法，可以列举下述几种。作为传统的方法被提倡的有：归纳法（induction）和演绎法（deduction），实证研究（positive research）和规范研究（normative research），以及理论研究、历史研究等各种各样的方法（approach）。

本来实证主义（positivism）（史学）的观点是 19 世纪的德国历史学家利奥波德·冯·兰克（Leopold von Ranke，1795—1886）提倡的，其通过批判历史上现存史料的办法，以客观事实为基础来叙述历史。这里所说的"positive"这个术语，是"被经验所证明"的意思，即设定一个假说，把它作为经验证明的事实，也就是说，根据实际存在的现实社会现象进行验证的方法被称为实证研究。

美国的翻版

近年来,这种以实证研究为基础的研究方法在日本会计学领域开始普遍采用。从多若繁星的各种经济现象中作出一个推论,然后根据许多企业提供的实际数据进行验证,证明假说的正当性。但是,从其实际情况看,我认为只是美国的翻版而已。

在会计学领域,这种实证研究从 20 世纪 70 年代后期到 20 世纪 80 年代前期登场。众所周知,1991 年的琼斯模型和 1995 年的奥尔森模型尤为有名。但是如果不是用自己亲自考察过的模型,无论这些模型如何出色,依据完全不同的情况下设定的假设,用不同情况下出现的数据来进行验证,也只能是一种结果。这究竟证明了什么呢?有什么意义呢?

验证假设和异常现象

实证研究的最大关键,在于设定怎样的假设,另外,还在于收集了多少数据来验证这一假设。不用说,如果根据离谱的推论设定不切实际的假设,无论怎样验证其正当性,其本身都是毫无意义的行为。关键在于设定什么样的假设,在这个假设的设定中重要的是理论和历史。以历史贯通性的理论分析为基础,提出一个假设,然后使用各种模型进行验证。最初的假设设定才是最重要的。

在很多实证研究中,一旦假设被验证了,就会出现与之相对应的异常现象(本应该得到实证的规律性和理论无法说明的异常现象),要同时验证发生该异常现象的情况。A 一旦被证明,同时非 A 也被验证。如果是这样,那么先前验证的东西,究竟有什么意义呢?在验证假设的时候,如果这些异常现象得到证实,那岂不是没有实证的意义了吗?不得不说,当初的假设本身就存在问题。简单地设定假设,即使花费了大量的时间和精力去验证,其行为也只能说是徒劳的。

实证研究的界限

当然，这并不是否定实证研究的意义。但是，当人们接触到当今频繁发生的、超乎想象的自然的威势时，想必很多人已经深刻体会到仅仅依靠现实数据的信息局限了吧。对于社会科学来说，情况更是如此。对于复杂的社会现象，忽视人的思维根源的直观感受，仅依靠数据分析的死板方法，对任何社会现象都无法查明其本质。单凭电脑的分析，根本听不到活人的呼吸。没有人的社会科学，什么意义也没有。

在医疗现场，最近的检查方法中，让我有所感触。近年来的检查中，血液检查就不用说了，(大部分检查)主要是根据 MRI、CT 等各种检查结果进行数据分析。医疗器械的发展和新药的开发拯救了很多人的生命，这自不用说。但是，如果过于依赖尖端技术的话，有时医生都不看患者的情况，就会盯着电脑上的画面进行判断。"啊，没问题，没有任何问题。"就像在和电脑说话一样。眼前的病人，去哪儿了呢？

这让我想起了半个世纪前，学生时代读过的思想家竹内芳郎的话："医生的职责，不是治病，而是治疗生病的人。"不怕误解地说，忘记了这个出发点，医学就没有存在的意义，也就没有真正的发展。

会计学也是如此。作为一门社会科学的会计学，其对象是社会，构成社会的是人。过分强调客观性，过分依赖统计数据，反而会看错事物的本质。没有人的幸福，会计就没有存在的价值。企业人不应该只追求利润最大化，从各方面的意义上来讲，该是好好重新考虑会计的最大研究对象——利润的本来面目及其本质的时候了。

评审(referee)制度的陷阱

虽然听起来有点像警句，但这是我现在的一种感觉。今天，日本会计学研究的重点也反映了欧美的研究动向，实证研究尤其以年轻的研究人员为中心占了大半。在欧美，年轻的研究人员要想在大学获得作为研究人员的正规地位，关键在于向权威机关报刊投了多少论文。通常，权威机关报刊采用评审(referee)制度。

因此,现实情况就是,为了让论文刊登在机构杂志上,必须符合各个机构杂志的编辑方针,或者符合其审查口味,如果内容被认为不符合要求,就不会被采用。或者必须将原来的原稿修改成迎合审稿人想法的内容才能让投稿被接受。从某种意义上说,在完成论文的时候,作者的原创构思和崭新的逻辑展开可能会被拒绝,可能变成了精练的、失误少的内容,但是相反也有可能成为一个没有意义的论题。只不过像迎合审稿人想法而批量生产出来的金太郎糖果似的,量产而没有个性。修订前的原稿内容更具创新性和趣味性的情况并不少见。

在日本,为了提高论文的质量,也很流行评审制度。听起来很好,但是,如果方向错了,就会像前面说的那样,随时都有可能独自走向与最初设想不同的方向。乍一看似乎保证了优秀论文的投稿评审制度,其实和实证研究一样,必须认识到这其中可能存在很大的陷阱。

就这样笔者把自己的所思所想写了下来。因此,有些荡气回肠的感觉,难以抹去。然而,在会计史研究生涯中,笔者40多年来一直默默无闻地耕耘着,这就是笔者想达到的境界。如果有人问我这是不是终点,我也不知道该如何回答。即使是直到落笔的今天,我的心境仍然是"恍如咀嚼秕谷般,不由得眺望远空,多么蓝啊"①。②

---

① 渡边[1991]43页。

② 秕:原指中空或不饱满的谷粒。该俳句折射了作者当时的心境:经过近半个世纪潜心研究,然而迄今为止所取得的成果仍然处于这种程度的寒酸状态。于是引用了其叔父创作的这首俳句来表达作者对自身研究成果的遗憾和空虚感。——译者注

参 考 文 献

1 AAA［1957］, "Accounting and Reporting Standards for Corporate Financial Statements 1957 Revision", *The Accounting Review*, Vol.32, No.4.

2 AAA［1966］, *A Statement of Basic Accounting Theory*, Illinois,饭野利夫译［1969］《美国会计学会基础会计理论》国元书房。

3 AAA［2007］, "The FASC's Conceptual Framework for Financial Reporting, A Critical Analysis", *Accounting Horizons*, Vol.21 No.2, June.

4 Alvaro, Martinelli［1974］, *The Origination and Evolution of Double Entry Book-keeping to 1440, Part1 and Part 2*, Denton.

5 Anderson, Adam［1801］, *An Historical and Chronological Deduction of the Origin of Commerce from the Earliest Accounts: containing an history of the great commercial interests of the British Empire*, Vol.1, London.

6 Barth, Mary［2006］, "Including Estimates of the Future in Today's Financial Statements", BIS Working Paper, No.208, August.

7 Beckman, John［1814］, *A History of Inventions, Discoveries*, 2nd ed., Vol.1, London.专利厅内技术史研究会译［1999］《西洋事物起源（一）》岩波文库。

8 Booth, Benjamin［1789］*A Complete System of Book-keeping, by an improved Mode of Double-Entry*, London.

9 Bromwich, Michael［1985］, *The Economics of Accounting Standard Setting*, Prentice Hall.

10 Bromwich, Michael［2007］, "Fair Values: Imaginary Prices and Mystical Markets. A Clarificatory Review", Walton, Peter ed., *The Routledge Companion to Fair Value and Financial Reporting*, New York.

11 Brown, Richard ed.［1905］, *A History of Accounting and Accountants*,

Edinburgh.
12. Brown, R. Gene and Kenneth S. Johnston[1963], *Pciolo on Accounting*, New York, San Francisco, Toronto & London.
13. Bywater, M. F. and B.S. Yamey [1982], *Historic Accounting Literature: a companion guide*, Yushodo.
14. Carlill, John Albert [1896], *The Principles of Book-keeping*, London.
15. Carter, F. Hayne [1875], *Practical Book-keeping adapted to Commercial and Judicial Accounting*, Edinburgh and Glasgow.
16. Casanova, Alvisa [1558], *Specchio lucidissimo, nel quale si uedeno essere diffinito tutti i modi*, Venezia.
17. Chatfield, Michael [1974], *A History of Accounting Thought*, Illinois.津田正晃,加藤顺介合译[1978]《查特菲尔德会计思想史》文真堂。
18. Dafforne, Richard [1635], *The Merchants Mirrour*, London.
19. Defoe, Daniel [1727], *The Compleat English Tradesman*, Vol.I, London, 2nd ed., (1st ed., 1725), Reprinted out 1969 in New York, London.
20. De la Porte, Matthieus [1605] *Le Guide Des Negocians et Tenevrs de Livres*, Paris.
21. De Roover, Reymond [1956], "The Development of Accounting Prior to Luca Pacioli According to The Account-books of Medieval Merchants", in Littleton, A. C. and B. S. Yamey, eds., *Studies in the History of Accounting*, New York.
22. De Roover, Reymond [1974], *Business, Banking, and Economic Thought*, Chicago & London.
23. Dhaliwal, Dan, K. R. Subramanyam and Robert Trezevant [1999], "Is comprehensive income superior to net income as a measure of firm performance", *Journal of Accounting and Economics*, Vol.26, Nos.1 - 3.
24. Dicksee, Lawrence Robert [1893], *Bookkeeping for Accountant Students*, London.
25. Donn, Benjamin [1778], *The Accountant: Containing Essays on Book-keeping by Single and Double Entry*, London, 2nd ed.
26. Dowling, Daniel [1765], *A Compleat System of Italian Book-keeping*, Dublin.

27 Edey, H.C. and Prot Panitpakdi [1956], "British Compamy Accounting and The Law 1844-1900", in Littleton, A.C. and B.S. Yamey eds., *Studies in The History of Accounting*, London.

28 Edwards, John Richard [1985], "The Origins and Evolution of the Double Account System: An Example of Accounting Innovation", *ABACUS*, Vol.21, No.1.

29 Edwards, John Richard and Stephen P. Walker eds. [2009], *The Routledge Companion to Accounting History*, London and New York.

30 Elwell, Fayette H. [1932], *Bookkeeping for Today, Elementary Course*, USA.

31 Ellsworth, H.W. [1875], *Single and Double Entry Bookkeeping and Business Manual*, New York.

32 FASB [1976], *An Analysis of Issues Related to Conceptual Framework for Financial Accounting and Reporting: Elements of Financial Statements and Their Measurement*, FASB Discussion Memorandum, USA.津守常弘監訳［1997］《FASB财务会计的概念框架》中央经济社。

33 FASB [1980], *Statement of Financial Accounting Concepts*, No.2 "Qualitative Characteristics of Accounting Information".平松一夫,广濑义州合译[1994]《FASB财务会计的诸概念[改译新版]》中央经济社。

34 FASB [2000], *Statement of Financial Accounting Concepts*, No.7 "Using Cash Flow Information and Present Value in Accounting Measurements".

35 Fieldhouse, Arthur and E.E. Fieldhouse [1965], *Fieldhouse's Complete Book-keeping and Principle of Accounts*, Huddersfield, the new 67th ed.(1st ed. 1895).

36 Fieldhouse, Arthur and E.E. Fieldhouse [1985], *The Students' Commercial Book-keeping*, Huddersfield, 3rd ed. (1st ed. 1895).

37 Geijsbeek, John B. [1914], *Ancient Double-Entry Bookkeeping*, Denber.

38 Greeson-White, Jane [2012], *Double Entry-How the Merchants of Venice Created Modern Finance*, New York & London.川添节子译[2014]《从资产负债表读懂世界经济史》日经BP社。

39 Hamilton, Robert [1788], *A Introduction to Merchandise*, Edinburgh, 2nd ed.(1st ed. 1977).

40 Hannaford, L. B. and J. R. Payson [1853], *Book-keeping by Single Entry*, Boston.
41 Haswell, Charles H. [1871], *Book-keeping by Double Entry*, New York.
42 Have, Onko Ten [1956], "Simon Stevin of Bruges", in Littleton, A. C. and B. S. Yamey eds., *Studies in the History of Accounting*, London.
43 Hayes, Richard [1731], *Modern Book-keeping: or, The Italian Method improved*, London.
44 Hayes, Richard [1741], *The Gentleman's Complete Book-keeper*, London.
45 Hunter, W. W. [1912], *A History of British India*, Vol. 1, New Impression, London.
46 Hutton, Charles [1771], *The School master's guide: or, A complete system of practical arithmetic and book-keeping, both by single and double entry, Adapted to the use of schools*, New Castle.
47 Hutton, Charles [1785], *A Complete Treatise on Practical Arithmetic; and Book-keeping Both by Single and Double Entry*, 7th ed., London.
48 Jackson, George [1843], *Jackson's Complete System of Practical Book-keeping, by Single and Double Entry*, London and Belfast.
49 Jones, Edward Thomas [1796], *Jones's English System of Book-keeping, by Single and Double Entry*, Bristol.
50 IASB [2004], "Chapter 3: The IASC's conceptual framework-an obstacle to international harmonization", Ludwing Erhard Lectures 2004.
51 IASB [2006], "Framework for the Preparation Presentation of Financial Statements", par.82.企业会计审议委员会[2006],"财务报表的认识与测定"第23页。
52 IASB [2010a], Chapter 3, FQC4.雄松堂翻译[2011]《国际财务报告准则(IFRSs)》。
53 IASB [2010b], *Conceptual Framework for Financial Reporting 2010*.
54 ICAEW [1975], *Historical Accounting Literature*, London.
55 Ittner, C. D. and D. F. Larcker [1998], "Innovations in Performance Measurement: Trends and Research Implications", *Journal of Research, Management Accounting*, Vol.10.
56 Ittner, C. D. and D. F. Larcker [2001], "Assessing Empirical Research in

Managerial Accounting: A Value-Based Management Perspective", *Journal of Accounting and Economics*, Vol.32, Nos.1 – 3.

57　Jäger, Ernst Ludwig [1876], *Lucas Paccioli und Simon Stevin, nebst einigen jüngeren Schrftstellern über Buchhaltung*, Stuttgart.

58　Jones, Edward T. [1796], *Jones's English System of Book-keeping, by Single or Double Entry*, Bristol.

59　Jones, J., [1991], "Earnings Management During Import Relief Investigations", *Journal of Accounting Research*, Vol.29.

60　Kelly, Patrick [1801], *The Elements of Book-keeping*, London.

61　Kohler, Eric L. [1963], *A Dictionary for Accountants*, New York, 3rd ed.谷恭次郎译[1972]《科勒会计学辞典》,丸善株式会社。

62　Littleton, A.C. [1933], *Accounting Evolution to 1900*, New York.片野一郎译[1978]《利特尔顿会计发展史[增补版]》同文馆出版,(初版昭和 27 年)。

63　Littleton, A.C.[1967], *Structure of Accounting Theory*, 7th ed.(1st ed. 1953), llinois.大冢俊郎译[1966]《会计理论的构造》[第 4 次印刷]东洋经济新报社,(第一次印刷 1955 年)。

64　Lyons, J. A. and Oliver S. Smith [1920], *Lyon's Book-keeping and Accounting*, Chicago.

65　Macghie, Alexander [1718], *The Principles of Book-keeping*, Edinburgh.

66　Mcmurry, Karl F. [1923], *Manual for Teachers of Bookkeeping*, Boston.

67　Macvie, Richard H. [2014], "Fair Value vs conservatism? Aspects of the history of accounting, auditing, business and finance from ancient Mesopotamia to modern China", *The British Accounting Review*, No.XXX.

68　Mair, John [1736], *Book-keeping Methodiz'd*, Edinburgh.

69　Mair, John [1773], *Book-keeping Moderniz'd*, Edinburgh.

70　Malcolm, Alexander [1731], *A Treatise of Book-keeping, or Merchant Accounts*, London.

71　Mayhew, Ira [1856], *A Practical System of Book-keeping by Single and Double Entry*, New York.

72　Mcmurry, Karl F. [1923], *Manual for Teachers of Book-keeping*, Boston.

73　Mellis, Jhon [1588], *A Briefe Instruction and Manner how to keepe bookes of Accompts*, London.

74　Mepham, Michael [1988], *Accounting in Eighteenth Century Scotland*, New York & London.
75　Miner, George W. and Fayette H. Elwell [1918], *Principles of Bookkeeping, Introductory Course*, Boston.
76　Monteage, Stephen [1682], *Debtor and Creditor made Easie: or A Short Balance of the whole Leidger*, 2nd ed., London.
77　Monti-Belkaoui, Janice and Ahmend Riahi-Belkaoui [1996], *Fairness in Accounting*, London.
78　Morrison, James [1808], *A Complete System of Merchants' Accounts, containing the Principles and Modern Improvements of Book-keeping*, Edinburgh.
79　Ohlson, James A. [1995], "Earnings, Book Values, and Dividends in Equity Valua-tion", *Contemporary Accounting Research*, Vol.11, No.2.
80　Paton, W. A. [1922], *Accounting Theory: with Special Reference to the Corporate Enterprise*, New York.
81　Parker, R. H. and B. S. Yamey eds. [1994], *Accounting History: Some British Contributions*, Oxford.
82　Parks, Tim [2006], *Medici Money: Banking, Metaphysics and Art in Fifteenth-Century Florence*, London. 北代美和子译[2007]《美第奇金融：孕育文艺复兴艺术的金融商业》白水社。
83　Peele, James [1553], *The Manner and Fourme how to keep a perfecte reconyng*, London.
84　Peele, James [1569], *The Pathwaye to perfectnes, in th' accompts of Debitor, and Creditour*, London.
85　Penndorf, Balduin [1933], *Luca Pacioli Abhandlung über die Buchhaltung 1494*, Stuttgart.
86　Peragallo, E. [1938], *Origin and Evolution of Double Entry Book-keeping*, New York.
87　Plantin, Guillaume, Haresh Sapra and Hyun Song Shin [2004], *Fair Value Reporting Standards and Market Volatility*, Working Paper, Carnegie Mellon University, University of Chicago and LSE, October, 2.
88　Plantin, Guillaume, Haresh Sapra and Hyun Song Shin [2007], "Marking-

to-Market: Panacea or Pandora's Box?", *LBS*, University of Chicago and Princeton Univ.

89　Porter, Roy [1982], *English Society in the Eighteenth Century*, (Revised edition 1990), London. 目罗公和译[1996]《英格兰 18 世纪社会》日本法政大学出版社。

90　Sabine, B.E.V. [1966], *A History of Income Tax*, London.

91　Schmalenbach, E., *Dynamische Bilanz*(*7 Aufl*) [1939], Leipzig, 1939.

92　Shires, John [1799], *An Improved Method of Book-keeping*, London.

93　Smith, J.C. and F.W. Jenkins [1886], *The National Accountant*, Philadelphia.

94　Soll, Jacob [2014], *Financial Accountability and the Rise and Fall of Nations*, US. 村井章子译[2014]《账簿的世界史》文艺春秋。

95　Sprague, Charles Ezra [1907], *The Philosophy of Accounts*, New York, (Accountig Classics Series edited by Robert R. Stertling, 1972).

96　Stevin, Simon [1608], *Vierde Stvck Der Wisconstighe Ghedachtnissen Vande Weeghconst*, Leyden.

97　Vatter, William J. [1947], *The Fund Theory of Accounting and It's Implications for Financial Reports*, Chicago and London. 饭冈透, 中原章吉合译[1971]《资金会计论》同文馆出版。

98　Weddington, John [1567], *A Breffe Instruction, and Manner, howe to kepe, merchantes bokes of accomptes*, London.

99　Watanabe, Izumi ed. [2014], *Fair Value Accounting in Historical Perspective*, Moriyama-Shoten.

100　Yamey, B.S. [1956], "Edward Jones and the Reform of Book-keeping, 1795-1810", Littleton, A.C. and B.S. Yamey eds., *Studies in the History of Accounting*, Illinois.

101　Yamey, B.S. [1967], "Fifteenth and Sixteenth Century Manuscripts on the Art of Book-keeping", *Journal of Accounting Research*, Vol.5, No.1.

102　Yamey, B.S. [1978], *Essays on the History of Accounting*, New York.

103　Yamey, B.S. [1982], *A Further Essays on the History of Accounting*, New York & London.

104　Yamey, B.S. [1986], *Arte e Contabilità*, Bologna.

105 Yamey, B. S., Edey, H. C. and H. W., Thomson [1963], *Accounting in England and Scotland: 1543－1800*, London.
106 Ympyn, Christofells Jan [1543], *Nouuelle Instruction*, Antwerpen.

日文参考文献

1 天川润次郎[1966]《笛福研究——资本主义经济思想的起源》未来社。
2 安藤英义[2010]《簿记的财务会计化与"资本"衰退的危机》,《会计》第177卷第6号。
3 安藤英义[2012]《会计史研究与现代会计》,《会计史学会年报》第31号。
4 石川纯治[2011]《复式簿记科学》税务经理协会。
5 泉谷胜美[1980]《复式簿记生成史论》森山书店。
6 泉谷胜美[1997]《探索数学大全之路》森山书店。
7 伊藤宣广[2006]《现代经济学的诞生——剑桥学派的系谱》中公新书。
8 入不二基义[2008]《时间真的存在吗?》讲谈社现代新书。
9 岩崎勇[2015]"关于IFRS的概念框架——以FASC对AAA的看法为中心"《经济学研究》第81卷第5、6合并号。
10 岩田严[1969]《利润计算原理》,第6次印刷(初版1956年),同文馆出版。
11 岩田严[1955]"(遗稿)两种簿记学——以决算为中心的簿记和会计管理的簿记"《产业会计》第15卷第2号。
12 上野清贵[2014]《会计测定的思想史与理论》中央经济社。
13 上野道辅[1925]《簿记原理 会计学(增订三版)》有斐阁。
14 上野道辅述[1919]《会计学 第一部 簿记原理》。
15 宇佐川秀次郎译[1875]《寻常簿记法 完》稿本。
16 大黑俊二[2006]《谎言与贪欲——西欧中世纪的商业·商人观》名古屋大学出版会。
17 大户千之[2012]《历史与事实——超越后现代历史学批判》京都大学学术出版社。
18 大森庄藏[1996]《时光荏苒》青土社。
19 小栗崇资[2014]《株式会社会计的基本构造》中央经济社。

20　大日方隆编著[2012]《会计准则研究的原点》中央经济社。
21　卡尔,E.H.著,清水几太郎译[2011]《历史是什么》岩波新书,第79次印刷。
22　笠井昭次[2005]《现代会计论》庆应义塾大学出版社。
23　片冈义雄[1967]《增订卢卡·帕乔利"簿记论"研究[第二版]》森山书店。
24　片冈泰彦[2007]《复式簿记发达史论》大东文化大学经营研究所。
25　椛田龙三[2013]"关于双重受托责任会计的概念(目的)"《大分大学经济论集》第65卷第2号。
26　河原温[2006]《布鲁日——佛兰德闪耀的宝石》中公新书。
27　企业会计准则委员会[2006]《2006国际会计准则IFRS》中央经济社。
28　岸悦三[1975]《会计生成史——法国商业王令会计规定研究》同文馆。
29　岸悦三[1983]《会计前史》同文馆。
30　吉布尼编著[1998]《大英百科全书》,第8卷,不列颠提比略。
31　木村敏[1982]《时间与自己》中公新书。
32　木村和三郎[1933a]《复式簿记与企业簿记》《会计》第32卷第1号。
33　木村和三郎[1933b]《复式簿记与企业簿记(续)》《会计》第32卷第2号。
34　木村和三郎,小岛男佐夫合著[1983]《簿记学入门(三订版)》森山书店。
35　久野光朗[1985]《美国簿记史》同文馆出版。
36　黑泽清[1951]《近代会计学》春秋社。
37　小贺坂敦(主持),莺地隆继,关口智和,川西安喜[2015]"日本会计研究学会第74届IFRS会议《IASB对概念框架的重新审视》"日本会计研究学会第74届大会报告于日本神户大学。
38　小岛男佐夫[1964]《簿记史论考》森山书店。
39　小岛男佐夫[1971]《英国簿记发达史》森山书店。
40　小岛男佐夫[1978]《会计史资料研究》大学堂书店。
41　小林秀雄[1968]《小林秀雄全集第12卷 思考的提示》新潮社。
42　斋藤静树[2012]"会计准则与准则研究的方法——整合性、有用性、规范性"大日方隆编著《会计准则研究的原点》中央经济社。
43　斋藤静树编著[2002a]《会计准则的基础概念》中央经济社。
44　斋藤静树[2007]《详解 讨论资料 财务会计的概念框架》中央经济社。
45　斋藤宽海[2002b]《中世纪后期意大利的商业与城市》知泉书馆。
46　佐野善作[1897]《商业簿记教科书》同文馆。
47　清水广一郎[1982]《中世纪意大利商人的世界》平凡社。

48 下中直人编[2007]《世界大百科辞典》平凡社。
49 下野直太郎校阅,广冈米治郎、山同嘉太郎合著[1904]《最近商业簿记》嵩山房。
50 社会科学大辞典编辑委员会[1971]《社会科学大辞典》鹿岛研究所出版社。
51 须藤文基编[1921]《簿记学辞典》东洋簿记学院。
52 曾田爱三郎编辑[1878]《学课起源署说》。
53 高寺贞男[1974]《会计政策与簿记的发展》密涅瓦书房。
54 高寺贞男[1982]《会计学专业》同文馆。
55 高寺贞男[1988]《会计的可能性》三岭书房。
56 高寺贞男[2002]《会计与市场》昭和堂。
57 高寺贞男[2005]"公允价值会计对于测定股东价值是不必要的"《大阪经大论集》第 56 卷第 2 号。
58 高寺贞男[2006]"重新思考利润保守主义的优点"《大阪经大论集》第 57 卷第 5 号。
59 高寺贞男[2008]《市场的不完备性与市价会计的适用界限》《大阪经大论集》第 59 卷第 2 号。
60 武田英一阅,川户藤古编《簿记学辞典》[1907]劝业书院。
61 田中章义[2010]"美国会计学会的反省与教训——关于实证会计学的问题"《会计》第 178 卷第 1 号。
62 玉木俊明[2009]《近代欧洲的诞生——从荷兰到英国》讲谈社选书。
63 角之谷典幸[2009]《净现值法会计》森山书店。
64 津守常弘监译[1997]《FASB 财务会计的概念框架》中央经济社。
65 德贺芳弘[2012]《会计准则中的混合测量模型研究》IMES Discussion Paper,No.2011-J-19,日本银行金融研究所。
66 中岛道义[2007]《把"时间"当作哲学 过去去哪儿了?》讲谈社现代新书。
67 中野常男编著[2007]《复式簿记的构造与功能——过去、现在、未来》同文馆出版。
68 西川孝治郎[1982]《文献解题 日本簿记学生成史》雄松堂书店。
69 西村孝夫[1966]《英国东印度公司史论》启文社。
70 原口亮平[1931]《簿记学》千仓书房。
71 帕克著,友冈赞、小林麻衣子合译[2006]《会计师的历史》庆应义塾大学出版社。

72　东奭五郎[1903]《新案详解商业簿记》大仓书店。
73　东奭五郎[1908]《商业会计第壹辑》大仓书店。
74　东奭五郎阅,木村祯橘[1922]《最近簿记会计学要全(订正七版)》宝土馆。
75　久野秀男[1979]《英美(加)古典簿记书的发展史研究》学习院。
76　平林喜博[2007]《会计史之路——一个备忘录》关西学院大学出版社。
77　平松一夫编著[2007]《国际财务报告论——会计准则的趋同与新发展》中央经济社。
78　黑格尔著,高峰一愚译[1983]《黑格尔法哲学:自然法与国家学》论创社。
79　黑格尔著,长谷川宏译[2013]《历史哲学讲义(上)》岩波文库,第 26 次印刷。
80　星川长七[1960]《英国公司法导言》劲草书房。
81　本间辉雄[1963]《英国近代股份公司法形成史论》春秋社。
82　茂木虎雄[1986]"欧洲大陆模式的理论与历史考察"《立教经济学研究》第 40 卷第 2 号。
83　茂木虎雄[1988]"大陆式决算法与英美式决算法"《立教经济学研究》第 41 卷第 3 号。
84　森田义之[1999]《美第奇家族》讲谈社现代新书。
85　山下胜治[1950]《损益计算论——损益计算制度的发展》泉文堂。
86　山下胜治[1955]《会计学的一般理论》千仓书房。
87　山下胜治[1959]《会计学一般理论》千仓书房。
88　山下胜治[1963]《新版会计学一般理论》千仓书房。
89　山下寿文[2012]"关于 Charles Hutton 的《簿记书》初版"《佐贺大学经济论集》第 45 卷第 3 号。
90　山下寿文[2013]"围绕 Charles Hutton《簿记书》分册"《佐贺大学经济论集》第 46 卷第 2 号。
91　山田康裕[1999]"涉及全面收益的联合问题"《会计史学会年报》第 18 号。
92　吉田良三[1904]《最新商业簿记学》同文馆。
93　吉田良三[1907]《最新商业簿记》同文馆。
94　吉田良三[1907]《简易商业簿记教科书》同文馆。
95　吉田良三[1914]《最新式近世簿记精义》同文馆。
96　渡边泉[1983]《损益计算史论》森山书店。
97　渡边泉[1993]《决算会计史论》森山书店。
98　渡边泉[2005]《损益计算的进化》森山书店。

99　渡边泉[2008a]《从历史中学习会计》同文馆。
100　渡边泉[2008b]"现代会计的陷阱——从历史看会计的本质"《会计史学会年报》第 27 号。
101　渡边泉[2009]"会计目的的矛盾性——可靠性和有效性的夹缝"《会计》第 175 卷第 5 号。
102　渡边泉[2010]"成本主义会计与公允价值——以市场成本计量的定位"《会计》第 178 卷第 3 号。
103　渡边泉[2011]"从历史的角度看市价评估的定位——作为交易价格会计的取得成本和公允价值"《会计》第 180 卷第 5 号。
104　渡边泉[2012a]《过度的有用性研究的历史警钟》大阪经济大学工作论文，No.2012-1，April。
105　渡边泉[2012b]"复式簿记的传播与现代化——以荷兰、英国为中心"《体系现代会计学　第 8 卷　会计与会计学历史》中央经济社。
106　渡边泉[2014]《会计的历史探访——从过去到未来的展望》同文馆出版。
107　渡边泉编著[2013]《从历史看公允价值会计——探讨会计的根本作用》森山书店。
108　渡边洁[1991]《句文集虚空》风神社。

后　　记

我以会计史研究为生,从处女作《损益计算史论》(森山书店)问世,一晃30多年的岁月过去了。之后,我又撰写了2本著作。在2008年,作为迄今为止的历史研究的一个分段,从过去到现在的桥梁,出版了《从历史中学习会计》(同文馆出版)。经过6年的岁月,我又重新撰写了一本书,名为《会计的历史探究——从过去到未来的展望》(同文馆出版),内容也有了新的变化,书中增加了与未来的交叉点。

在此期间,我在缓慢的研究过程中,当把学到的学说与现存的中世纪商人们留下的账簿和古典簿记书进行对照时,总会遇到一些无法解释的矛盾。哪一个不对——是我,还是公认的说法呢?在无数次的自问自答中,为了对公认说法提出异议,我撰写了这本《簿记见证会计历史的真实——对公认说法的批判》。

本书的第1章到第5章,只不过是将迄今为止在研究过程中阐明的已发表的内容重新整理成一册,并不一定能从中发现笔者新的见解。第6章是关于会计的作用,是当前笔者对在可靠性(受托责任)和有用性的夹缝中摇摆不定的准则设定方法的愚见,第7章是笔者作为一位史学研究者在历经40多年的历程中,近年来一些突然的独家感受。

回首自己的研究生活,也许是为了寻找这些矛盾根源的历程,只知道历史却俯首现代,既不知悔改又无惧丢尽新颜。2013年,在拙著《从历史角度看公允价值会计——探讨会计的根本作用》(森山书店)中,写明会计之所以能够编织出800年的悠久历史,最重要的因素在于以交易事实为基础的可靠性,其对以有用性为冠冕堂皇的借口,吞下充满玫瑰色期待的预测计算这一禁果,给现代会计的现状敲响了警钟。

不用说,学问不是臆想的世界。无论如何周密地建立数学公式,运用数学公式得出一个结论,预测终究是预测。纸上的世界姑且不谈,在生与死的紧要关头,发出"太可惜了(我很抱歉)!"是不会被允许的。当现实和预测发生误差时,就会产生一种奇怪的现象,不是把预测修正为现实,而是把现实修正为预测,错误的预测就变成了现实。由于特定利益相关集团的压力和自身贪得无厌的欲望,真正的面貌就会被严重扭曲。正如麦克贝斯的悲剧那样,在那里,可以看到其被魔女的预言迷惑,把灵魂出卖给恶魔的悲哀人性。

重视实学的会计,始终追逐眼前的事象,一直面临着因本质存在于现象之中的错觉而迷失其本质的危险。很多实证研究和准则设定的逻辑,一不小心就容易陷入现状肯定,其理由就在于此。特别是根据数字进行验证的会计,总是被认为会提供正确的答案。果真如此吗?

我们要有勇气看清日常生活中存在的"虚伪和真实"。不要因对现状的不满而对未来抱有幻想,重要的是思考明天的样子。明天,在悠久的历史中总是隐身,忽隐忽现地窥探着时间的到来。

回首人生,超越"自我",不被常识和定论迷惑,不断地提出疑问,并加以实践,探求真理者自不待言,对于我们每一个活着的人来说都是最重要的。

展开新的想法,首先要对社会的动向和思想敏感。不是空想的自我主张,而是根据最新的现实动向,并以此为基础,抛弃在自己心里形成的陈旧思想。也就是说,只有永远的自我否定,才能成为向新的世界迈出一步的关键。希望大家记住这一点。期待读者诸位的见解。

写完书一看,我大为反省,是不是有点太专业了。最初我是为了让非会计专业的人也能感兴趣而开始写作的。但由于笔者能力不足,一直未能如愿。会计,是一种特殊的语言。对于不懂"会计语"的人来说,会计也许是难以理解的内容。就像对于不懂英语、汉语、斯瓦希里语(kiswahili)

的人来说，当地人的对话如同只听到声音一样。但是，要想真正了解异国的人、文化和社会，首先必须了解那个国家的语言、文化和习俗。为了真正了解世界的社会和经济的结构，在各个领域都需要一定的专业知识。会计专用词也是其中重要的一项。在这样的情况下，我打算尽可能浅显易懂地写下来。

但是，浅显易懂地书写有时可能会是一个谎言。三岁的孩子问："什么是鲸鱼？"如果回答"很大的鱼"的话，也许这是最容易理解的回答。但是，那是错误的。

易懂和真实，我本打算一边在这个夹缝中求生存，一边尽可能地写出能够兼顾两者的内容。到底能不能成功传达呢？如果能领会到本书的用意，那么本书指出的对公认说法的批评也有可能存在很大的漏洞。希望读者不要囫囵吞枣地接受这里的主张，要一边在眉毛上涂上唾沫[①]，一边用疑惑和反骨、反批判的精神去看清什么是真的。需要用心、用脑去思考和发现。

另外，我强烈希望非会计专业的人们能够通过本书对会计产生兴趣，哪怕是迈出一步，也能走进那片深远的森林。就此搁笔。

渡边泉

2015 年 11 月

感受着渐浓的秋意

[①] 引自日本的民间故事，即提高警惕之意。——译者注

索　引

2015年的公开草案　141
AAA　27,115,119,128,151,159
ASBJ　28,136,139,145,146
FASB　28,42,115,122-124,129,139,141-143,153,161
FASB的动向　142
FASC　115,119,128,151,159
IAS　28
IASB　28,63,115,121-123,128,129,136,139,141,142,145,154,160
IASB的公开草案　129,139,140
IASC　121,123,154
IFRS　63,115,119,123-125,127,131,139,141,144,154,159,160
OCI　143,145,146
SFAS　131

B

半权责发生制　33,34
包括理论　143,144
报告功能　39,45
毕兰奇奥　5,6,9,10,23,52,53,55,56,63,117,125,129
变动差额计算　58
并存会计（混合计量会计）　48

非定期性期间损益计算　40
不可逆转性成果　144
不全面的簿记　94
布思　107,109
簿记的中心作用　45
本式　104

C

财产管理人　119,123,125
财产维护功能　115
财富　91,92,130
财务信息的质的特性　139,142
查特菲尔德　120,152
持续经营　79,135

D

代理人"业务"　39
代理人簿记　120,125,126,135
单记式记账法　111
单式　89,93,94,99,101,103,105,107
单式簿记　37-39,85,87-90,93,94,96-109,111,112
单式簿记的先驱　88,95,97,98
当期净利润　45,106,117,131,142-

146
当期业绩理论 143
等价交换 89,90
迪克西 74-78,82,83,86
笛福 85,88,95-100,107,108,159
笛福的记账法 97
独自平均总账制 77
杜·鲁瓦 39,91,126
兑换商 13

F

菲尔德豪斯 74,76,77
分割分类账 77
分类日记账 79,81,93,94,96,97,100-102,105,108,110,111
分类账 7,9,49,70,71,73,75-80,84,93,94,96,97,100-102,110,111
分类账经由法 78
分期付款基准 37
分账户损益计算 1,3,4,7,10-12,14,15,17,20-23,29,30,32-34,37,40
分账户损益计算制度 10,17,19-21,32
粉饰 129
佛罗伦萨式簿记 2,6,8,16,21,30
服务潜力 127
福泽谕吉 94,97,98,104
复式 89,90,93,94,99,103,105,107,112
复式簿记 3-6,9,10,12-14,16-19,21-23,27,29,30,32,34-42,47,48,50-56,58,63,64,69,70,74,82,83,85-94,96-112,116-120,123,125,126,129,134-136,146,147,159-161,163
复式簿记存在的理由 54
复式簿记的生成因素 38,39,118,119

G

改良簿记 107,109
概念框架 63,115,121,122,124,125,139,140,142,145,153,159-161
工作底稿 57
公允价值 46,58,65,117,121,130-132,135,142,143,161,163,164
公证书 3,5,18,23,35,49,53,89
固定资产的比重扩大 35
固定资产的市价评估 58,63
固定资产费用分配法 63
管理计算功能 115
管理中心主义 115
归纳法 147
规范研究 147
过去会计 127,136

H

海斯 60,61
汉密尔顿 60-63,74,85,99
合伙企业 4,8,13,16,21,29,39,41,65,117,126
赫顿 97-101,105-107

赫顿簿记书的特征 100
赫顿的余额账户 100
黑泽学说 32
坏账损失的计入 51
回收基准 26,37,40,41
会计层面上的确认 28
会计的生成因素 39
会计的作用 27,115-117,130,133-136,164
会计学 15,16,31-33,45,46,80,82,83,89,115,130-132,134,147-149,151,155,159-163
会计学和经济学 45,130,131
会计责任 115,116,118,120-123,125,126,130,147
混合计量会计 47,48

J

家族合伙企业 3,5-8,21,23
价格计算 45,46,130,147
价格信息 132
价值计算 45,46,115,130,133,135,147
价值信息 132
简单簿记 95,106
简化法 74,75,84
简式 93,98,103,104,111
简易簿记 109,112
将来的经济性利益 141
交替计算 82,94,100-103,111
交易的两面性 89
交易价格 54-56,117,142,163

结算和决算区别 70
经济学 46,130-132,147,159,162
经营受托制度 120,121,134
决策有用性方法 115,127,128,133,134
决算中心主义 115

K

可靠性 6,10,17,18,49,53-56,58,64,116-118,121,122,125,127,129,130,132,134,136,140,141,147,163,164
可靠性的再确认 128
可靠性基础信息 117,133,134,136
可验证性 49,54,56,64,130,141,147
扣除未使用食品的款项 14,36

L

理论研究 147
历史成本 43,46-48,51,53-56,58-65,121,130,140
历史成本原则会计的破绽 65
历史研究 21,36,89,116,147,164
利害调整功能 115
利润计算的证明表 57
利特尔顿 89,91,92,104,114,118-121,123,125,126,129,130,134,135,155
利息禁止令 50

M

美国法 79-82

木村和三郎 91,160

N

年度决算 22,23
诺福克协议 142

O

欧洲大陆模式 69,71,72,74-84,86,162
欧洲大陆模式决算法 67-71,73,74,77-85

P

帕乔利 14-16,72,73,160
拼凑账目 5
评估损失 59-62
评审制度 150

Q

期间合伙企业 3,4,6,8,10,21,23,30,40,55,69,117
期间损益计算 1,3,10-12,14-17,20-22,29,30,32,33,37,40,42
期间损益计算制度 10,12,14,17,21,32,35
企业价值 45,65,131,135
清算价值 130,135
琼斯 88,105-107,109-111,148
权责发生制 11-14,17,19,22,25-27,29-38,40-42,65
权责发生制的补充方法 38
权责发生制的缺陷 42

确权原则 34
确认（识别）基准 27,36

R

日记账 49,77,79,93,94,97,100-102,110,111
入账价值（价格） 46

S

三个损益计算 19
三账簿制 93,102,111
山下学说 33
善良管理人注意义务 122
圣乔治银行 72
剩余商品的市价评估 60
十字军 3,13,92
识别 12,17,19,27-30,36,40,42
实用簿记 63,74,107,109
实证研究 138,147-150,165
世界最初的簿记书 14,72
市价 5,43,44,46-48,50-56,58-63,130,131,140,142,144,146,161,163
"事"的世界 53,56
事实性 54,56,130
收付实现制 17,19,20,22,25-27,29-38,40-42
首先计算损益 118
受托责任 113-128,130,133,135,136,139-141,147,160,164
受托责任功能 116,117,133,134,136

索 引　171

数学大全　14-16,72,73,159
双账簿制　102
说明责任　114-116,119-127,129,
　　133,134
斯蒂文　56,57
损益表　57,58,62,63,144
损益计算　1-8,10-23,26-33,36-
　　42,46,50,52,53,55,56,63,64,69,
　　70,83,89,92-94,100,101,103-
　　106,111,112,114-117,119,125,
　　126,129,130,132-136,162,164
所得税法　4,7,60,61,100,111
所有权　91,92,118,119,126

T

停业决算　78-80,82
透明性　54,58,130
脱手价值(价格)　46

W

往来账户　94,102
威尼斯式簿记　2,6,16,21,30
未来会计　127
未实现利润　45,131,145
文书证据　2-5,18,53,54,69
"物"的世界　53,56

X

细则主义　124,142
先驱性期间损益计算　14,19,22,23,
　　30,32,37,40
现金回收基准　37

现金流量计算　41
现金收支计算　33,38
现金收支记录　20,38,39,93,103,
　　104
现行成本　47,55
现值　161
相关性　61,139,141
信托财产的经管及支出情况　120,121
信息的可靠性　114-116,127,129,
　　130,140,147
信息的质量　116,127
信息提供功能　115-117,119,121,
　　122,132-134,136
信用交易的出现　12,18,34,35,39,
　　40
信用制度的发展　35

Y

演绎法　147
一般商品账　10,11,15,20,21
一致原则　29
已实现利润　45,53,131,132,136,
　　145,146
异常现象　138,147,148
英国模式　74
英美模式　69,72,76,78,80-83
英美模式决算法　67-74,77-80,
　　82-85
英式簿记法　76
英制系统　81
有用性　61,114-117,121,122,124,
　　125,127-130,132-136,140,141,

160,163,164

有用性方法 124

有用性方法的弊端 129,133

有用性基础信息 117,133,134,136

预付地租的记录 36

预付房租的记录 42

原始成本 46

原则主义 124,142

Z

责任的履行 116,119,120

责任的受托 119,120

责任制度 33

泽诺瓦市政厅 72

增减比较计算 41,58

增强性的质的特性 139

债权债务管理计算 112

债权债务管理目的 103

债权债务的备忘录 3,14,17,23,35,52,89

账簿的正确性 17,49

折现值 46,47,53,64,135

正确性 41,49,54,55,58,64

直接"结转"法 77,78

质的特性 140,141

忠实表现 129,139,140

忠实义务 122

主要成本 47

庄园会计 103,119,120,123,136

状态表 57

资本计算 39,50,89,92,104

资本主簿记 126

资本主概念 125,126

资本主关系 92,118,119,135

资产负债法 9

总账 4,5,7-9,14,36,48,49,57,60,62,70-77,79-82,85,93,94,96,97,100-102,105,108,110,111

综合收益 27,45,117,131,135,138,139,142-146

总损益计算 11

最初成本 47

最古老的账目记录 44,48,50,51,54

佐野善作 79,81,86,160